U1020605

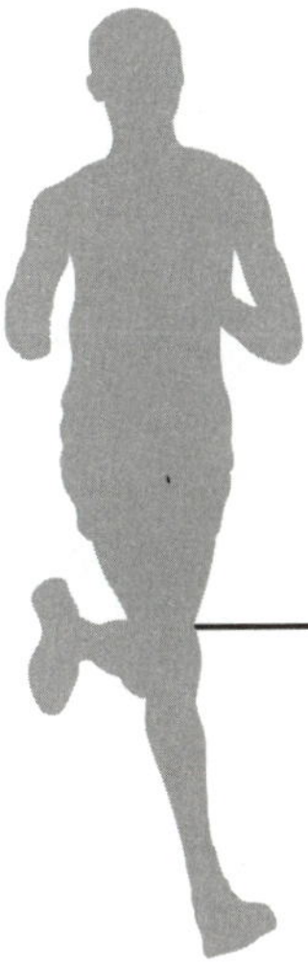

体育新闻编辑

庞明慧　编著

北京体育大学出版社

出 版 人 李 飞
责任编辑 佟 晖
审稿编辑 董英双
责任校对 未 茗
版式设计 佟 晖 李 鹤

图书在版编目(CIP)数据

体育新闻编辑 / 庞明慧编著. -- 北京 : 北京体育大学出版社, 2014.5
ISBN 978-7-5644-1631-7

Ⅰ. ①体… Ⅱ. ①庞… Ⅲ. ①体育－新闻编辑－高等学校－教材 Ⅳ. ①C213

中国版本图书馆CIP数据核字(2014)第100060号

体育新闻编辑 庞明慧 编著

出　　版 北京体育大学出版社
地　　址 北京市海淀区信息路48号
邮　　编 100084
邮 购 部 北京体育大学出版社读者服务部 010-62989432
发 行 部 010-62989320
网　　址 http://cbs.bsu.edu.cn
印　　刷 北京昌联印刷有限公司
开　　本 787毫米×1092毫米 1/16
印　　张 12.75
字　　数 310千字
成品尺寸 260毫米×185毫米

2018年6月第1版第2次印刷
定 价：60.00元
（本书因装订质量不合格本社发行部负责调换）

前言

《体育新闻编辑》一书力求教材的实用性和对现实的指导性，以期能迎合想要学习和掌握体育新闻编辑知识同学的需要。教材写作突出体育新闻编辑要“做什么”和“怎么做”，以体育新闻编辑的工作流程和内容为主线来编写，紧紧围绕体育新闻编辑现实工作所需要的知识和技能来安排内容。教材结合鲜活的案例来讲解体育新闻编辑理论知识，以便读者更为形象、生动地获取有关知识，更好地理解和消化知识，并力求知识和信息的延展性。此外，教材强调体育新闻编辑不仅要给受众好看的体育新闻报道，更要注重体育新闻传播的社会责任和社会影响。

本书能够编写完成，首先想要感谢的是我的同事们，特别是北京体育大学体育传媒系主任张玉田教授，他对本书的写作给予了十分无私的帮助，从教材的申报、大纲的拟定、书稿的修改，张老师提出了许多富有建设性的意见和建议。我还想要感谢录制“体媒人物”节目所采访的众多体育新闻人，这些出色的体育新闻人让我更为深刻地理解了体育新闻从业者的要求与工作内涵。还有我的学生们，特别是王之桁同学，她从学生的角度对本书的修改提出了中肯的意见。最后，我想真诚地对我的家人道一声感谢和抱歉，写书的过程，恰逢本人怀孕生子，身为新闻从业者的丈夫不仅承担了许多的家务劳动，还从专业人士的角度对教材提出了许多中肯的写作和修改建议。中国社会科学院新闻与传播研究所的谢明、华文出版社的李瑞虹、北京体育大学教务处的章朝珲老师、出版社的佟晖编辑也都给予了本人极大的帮助。

教材的编写是一项重要而又艰巨的任务，错误与不妥之处在所难免，敬请读者批评指正。

目录 CONTENTS

第一章
体育新闻编辑概述

本章提示

成都体育学院体育新闻传播系教授郝勤认为“体育新闻编辑有两种含意。一是指体育新闻报道的一个工作流程。在报纸媒体中具体包括策划、组稿、选稿、改稿、配稿、校对、审稿、版式设计等程序。二是指在报纸、杂志、电视、网络等新闻媒体中从事体育新闻报道编辑工作的专业人员。”（郝勤，2011）按媒介形态，体育新闻编辑可以划分为报纸体育编辑、杂志体育编辑、广播体育编辑、电视体育编辑、网络体育编辑、手机体育编辑等类型，其中，报纸体育编辑是最早出现的体育新闻编辑。随着时代的发展和科技的进步，报纸遇到了前所未有的困难和挑战，报人们也在积极转变和应对，以使报纸体育新闻产品更好地与市场和读者需要对接，报纸仍是受众重要的体育新闻信息传播载体，报纸所刊载的体育新闻是网络等新媒体体育报道的重要来源，本书以报纸体育新闻编辑为主要对象，介绍和阐述与编辑有关的理论知识。尽管媒介形态不同，体育编辑的工作特点和工作内容会有所区别，但本书内容对其他媒介形态的体育编辑工作，仍有参考价值和借鉴意义。

学习目标

1.了解体育编辑的工作内容、流程和种类。
2.了解体育编辑的社会责任，理解编辑在社会发展中的作用。
3.了解报纸体育报道的概况，思考报纸体育报道的发展方向。

第一节　体育新闻编辑工作概述

本节要点

体育新闻编辑的工作内容
体育新闻编辑的工作流程
体育新闻编辑的工作种类
体育新闻编辑的社会职责

一、体育新闻编辑的工作内容

体育新闻编辑的工作内容主要包括策划、编稿和组版三个方面：

（一）策划

体育新闻编辑是体育新闻传播活动的设计师和策划者，编辑要对体育新闻传播活动进行整体设计和日常报道策划，以使新闻产品更好地赢得市场和读者的接受和认可。体育新闻编辑的策划工作分为宏观策划、中观策划和微观策划三个层面：

1. 宏观策划

体育编辑对专业体育报纸和综合性报纸体育版的整体设计，包括确定报纸的编辑方针、设计报纸整体结构、各个版面及专栏等方面。宏观策划在报纸创刊前进行和完成。

2. 中观策划

报纸运营一段时间后，体育编辑根据市场的变化和读者需求，对报纸的报道内容进行调整和改版工作。

案例链接

《足球》报推出“劲体育”板块[1]

[1]　为你贡献中国最出色的足球报纸——足球报[EB]. http://www.airgoal.net/info/InfoContent/9772/65272.html,2013-1-6.

《足球》是中国第一份足球类专业报纸。随着中国体育迷对足球项目热度的降低，为了更好地满足受众对篮球等体育项目的信息需求，2004年7月起《足球》报推出"劲体育"板块，报道内容向足球以外的体育领域扩展，全面报道足球、篮球、排球、高尔夫球、网球、赛车、田径、棋类等运动项目，重点关注奥运会、NBA、F1等重大体育赛事。

3. 微观策划

日常新闻报道的策划。编辑是报纸日常新闻报道活动的策划者和组织者，为了更好地满足体育新闻受众的信息需求，报纸编辑日益重视对新闻报道活动的策划与组织，可预见的重大赛事是体育新闻的主要报道对象，体育新闻编辑尤其需要重视新闻报道的策划与组织，以更好地满足受众的信息需求和获得良好的报道效果。

（二）编稿

编辑是体育新闻报道的指挥者、组织者、加工者和把关人，编稿是体育新闻编辑最为重要的日常性工作，主要包括以下五个方面：

1.体育新闻稿件的组织和选择。

2.体育新闻图片的选择与编辑。

3.体育新闻稿件的修改。

4.体育新闻标题的制作。

5.体育新闻稿件的配置。

（三）组版

组版是体育新闻编辑日常工作的最后一项任务，编辑依据报刊的编辑方针对体育版面进行设计与编排。

二、体育新闻编辑的工作流程

（一）报纸整体运作流程

1. 报纸从准备创刊到日常出报，一般要经过以下四个环节：前期调研→确定报纸的媒介定位和编辑方针→设计报纸方案→报纸日常运作。

（1）前期调研

创刊前，对可能影响报纸生存和运作的外部和内部等诸多因素进行详细调查和考证，寻找报纸生存和发展的空间，对报纸可能有的优势和劣势进行客观、准确的分析，全面、科学的前期调研结果是确保报纸进行准确定位和科学决策的重要前提。

（2）确定报纸的媒介定位和编辑方针

媒介定位是报纸在前期调研的基础上，根据市场需要和报纸内外部情况，确定报纸的市场定位，报纸编辑方针是媒介定位的核心内容，主要包括报纸的受众定位、内容定位、水准定位和风格定位。

①受众定位：指报纸目标读者的设计和确定。编辑方针最重要内容，决定着编辑方针的其他方面。

案例链接

《体坛周报》的受众定位[2]

真正的体育迷：一般着迷体育五六年以上，年龄集中在20-35岁，不是为了猎奇、追星，而是热爱体育，对某类体育运动有长期的关注，不盲从权威，喜好自由，属于社会主流阶层。

②内容定位：指报纸的报道面和报道重点等的设计和确定。

案例链接

《东方体育日报》的内容定位[3]

办一张给男人看的体育报纸，办一张做体育新闻“精品屋”的报纸，为读者提供详尽体坛资讯，是囊括竞技体育和群众体育，为读者提供及时、全面、深入的体育资讯的综合性体育报纸。

③水准定位：指报纸的思想、文化和专业水平预计达到程度的设计和确定。

④风格定位：指报纸整体格调和特点的设计和确定。

（3）设计报纸方案

对报纸的版式细则等进行设计，如报纸的开张、版面、专栏等的设计。

（4）报纸日常运作

报纸创刊后的日常的编辑、出版和发行等工作。

2. 报纸的整体运作与企业形象识别理论（简称CIS理论）

“美国人凯文·曼尼（Kevin Maney）在《媒体大潮》中预测，21世纪的媒体之争将是品牌之争，无论是同类传媒品牌之间的市场争夺，还是新兴传媒品牌对传统品牌的资源侵占，都会使媒体市场之争愈加激烈。”[4]报纸CIS系统的核心是建立报纸良好而鲜明的个体形象体系，塑造品牌，扩大报纸的知名度和社会影响力，增强报纸的竞争力。根据企业形象识别理论（Corporate Identity System），报纸的整体运作流程体现为，在前期调研的基础上，首先确定报刊理念（简称MI），即报纸的媒介定位和编辑方针，并在实际的报纸运作中，通过视觉

[2] 梁媛.新闻编辑[M].湖南：湖南大学出版社，2007：135.

[3] 关于东方体育日报[EB].www.sport1.cn/dtcm,2013-1-6.

[4] 种婷婷. 用CIS理论浅析现代报纸品牌个性的塑造[J].考试周刊，2007,4.

识别（简称VI）和行动准则（简称BI），使MI具体化、形象化，以便使报纸为市场和受众所感知和接受。表1-1为CIS理论与报纸编辑工作简介：

表1-1　CIS理论与报纸编辑工作

CIS理论要素	简称	内涵	编辑工作内容
企业理念（Mind Identity）	MI	报纸的品牌核心，媒介定位，价值取向等	编辑方针、报纸口号等的制定
视觉识别（Visual Identity）	VI	理念和品牌的视觉呈现，报纸产品的形象设计	报纸LOGO、版面设计等
行动准则（Behavior Identity）	BI	报纸的行动表达，包括采编、经营等具体报纸运作	新闻报道策划、选稿、改稿等

案例链接

表1-2　《新京报》的CIS系统简介[5]

报纸的CIS系统	具体内容
企业理念（Mind Identity）	办报理念： 口号："负责报道一切"（创刊时提出），致力于对报道的新闻负责，一切新闻和一切责任。有责任报道一切新闻，追求新闻的终极价值和普世价值；更有责任对报道的新闻负一切责任，包括政治责任、经济责任、文化责任和社会责任。"品质源于责任"（当前报头呈现）。 定位：参与全球报业竞争，融入国际主流社会，接轨世界资本通道，创报业最现代化的经管体制，建国家最职业化的报业团队，办北京地区最国际化的严肃报纸；坚持三贴近原则，贴近北京群众，贴近北京实际，贴近北京生活；扎根北京，报道北京，服务北京，越是北京的，就越是中国的，也越是世界的，北京化就是国际化，北京特色就是国际特色；咬定高端，吸引中端，团结下端，成为北京政治界、经济界、文化界和主流社会的首选和必读的报纸。 读者：北京地区副处级以上政府公务员，国内外大中型企业中国总部部门经理以上管理阶层，泛文化产业有成就的专业人才，商场上的成功人士，各国驻华使馆外交人员，有房有车的市民，深居简出的退休高官，神通广大的高干子女，收入可观的自由职业者，奋发向上的有为青年和大学生，海内外来京办事出差旅游并且养成了看报习惯的人士；年富力强，中坚力量，成长阶层，活跃分子，实力人士。 特色风格： 1.法制精神，法律意识，人文色彩； 2.敬业精神，专业意识，职业色彩； 3.立场坚定，特色鲜明，风格统一； 4.负责任的态度，科学的价值观，清晰的品质诉求； 5.高起点，高规格，高品位； 6.积极，稳健，有见地； 7.大气，从容，平和，严谨，扎实，明朗，优美，雅致； 8.充满创新力量，充满卓越精神； 9.不知疲倦永不妥协的审美追求。 经营理念：采取一切措施，确保所经营品牌"新京报"价值最大化兑现、产生增值和得到提升。 管理理念：以人为本，对人负责 。

[5]　节选自关于我们[EB]. http://i.bjnews.com.cn/gywm.html、程益中在新京报成立大会上的演讲——我们到底要办一张什么样的报纸[EB]. http://www.people.com.cn/GB/14677/21965/22070/2187213.html、新京报体育部主编胡德忠：赛亦有道[EB]. http://news.sohu.com/s2006/xjbty/,2013-1-6.

续表

视觉识别 （Visual Identity）	标徽：（“长城烽火台”），圆形，象征地球和眼球，象征观察世界，象征全球视野和国际眼光。长城，象征中国和北京，象征守土有责的媒体责任意识，象征对国家人民的发展、富足、和平和安宁负责，象征媒体要讲政治意识、大局意识、责任意识；烽火台，最具中国特色的传播方式，中国传统中效率最高的传播方式，象征媒体终极价值和基本要素，象征媒体必须发挥预警和监督作用。凤凰形火炬，火炬象征光明，寓意光明日报报业集团；凤凰象征南中国的神鸟，寓意南方日报报业集团；火炬和凤凰所传达的指引、探路、尝试、先锋、新生等内涵，寓意新京报就像不断扩大光明范围的探照灯，成为照亮时间和空间的良心。 报头：新京报，天安门城墙色底方正大标宋字体加粗反白。新京报符号总是跟天安门城墙颜色出现在一起，时刻提醒新京报人和国内外读者：新京报有浓厚的北京特色和中国特色；方正大标宋字体，表达与国际接轨和借助科技进步的愿望；加粗反白，突出镂刻效果，强调视觉冲击力，象征新京报要成为一块传世招牌。 版式风格：简洁、现代、优雅，以简约细腻的版式设计理念，造就清新大气，优雅时尚的版面形象。
行动准则 （Behavior Identity）	采编：以独立的立场和客观的报道为基本准则，追求新闻的真实性和可读性，追求言论的稳健性和建设性。追求"厚报时代、轻松阅读"，注重图片与插图的应用。采用四开版式，按报道内容分为4个叠次：A叠为时事评论、北京新闻、中国新闻、国际新闻、体育新闻，B叠为经济（财经）新闻和产业周刊，C叠为娱乐新闻和文化艺术新闻，D叠为消费新闻和生活杂志。有较高知名度的栏目和周刊有：时事评论、核心报道、目击、赛道周刊、娱乐周刊、书评周刊、汽车周刊、黄金楼市、地球周刊、北京地理、北京爱情等。有立场的体育，体育新闻自觉通过新闻事件探寻背后的产业背景，表达其人文关怀。不单纯的关注比赛，往往会关注比赛后面的很多东西，致力于原创新闻而非资料整合。 经营：在有关政策允许的范围内，设置企业化的经营架构，把广告和发行纳入公司化运作，使其与采编内容截然分离，保持报纸的独立性和公信力。经营部门从广告客户和读者那里及时收集对产品即报纸的真实评价，供生产部门研发时参考。处处维护新京报的良好形象，并使新京报良好形象深入人心。推广新京报企业文化。企业形象的最高和最终表现形式是企业文化。在探索服务的形式、提高服务的水平上下足工夫，大力开展个性化服务、增殖服务和延伸服务，使新京报在服务上绝对领先对手和同行。不打价格战，不参加恶性竞争。

（二）报纸体育新闻编辑日常工作流程

报纸体育新闻编辑日常工作流程如下：体育新闻报道策划→体育新闻稿件及图片编辑→体育新闻稿件修改→体育新闻标题制作→体育新闻稿件配置→体育新闻版面编排。

1.体育新闻报道策划：对体育新闻报道进行事先的谋划和组织。

2.体育新闻稿件及图片编辑：包括文字稿件和新闻图片的选择和编辑。

3.体育新闻稿件修改：发现和修正报道的事实性错误、导向性错误和辞章错误。

4.体育新闻标题制作：对新闻标题进行修改或重新制作。

5.体育新闻稿件配置：将版面要刊登的报道进行优化组合和配置。

6.体育新闻版面编排：根据一定的编排思想，运用版面语言恰当地编排稿件，将稿件组成完整统一的版面。

案例链接

表1-3　《现代快报》编辑杜雪艳一天的工作流程[6]

时间	工作内容
13：00	杜雪艳带上笔记本，走到相隔不远的会议室（准备参加采前会）。
13：05	例行的采前会开始。在值班总编简单地评报和传达精神之后，十多个采访部门主任开始一一汇报当天掌握的线索。
14：30	杜雪艳所在部门开会。总编助理梁波"分题"。杜雪艳分到的是一条关于"大型网吧存在安全隐患"的新闻线索（采前会社区部的记者汇报），领到任务后，杜雪艳立即联系负责跑社区、公安消防、文化三个条口的记者以及一名摄影记者。几分钟后，大家聚在一起。"我们5个人在楼上的房间里谈了半个多小时。就是商量这个新闻怎么做。"
16：00	记者出发分头采访。杜雪艳上网查找与这条新闻相关的资料、背景，为稿件到来后的编辑工作做准备。同时，时刻与记者保持联系。
17：00	编前会。杜雪艳汇报稿件采写的进展情况，以及她所负责版面上的其它新闻内容。
19：00-21：30	杜雪艳处理稿件，将新闻以及她下午找到的各种相关材料拼接、编辑在一起。
21：30-22：30	杜雪艳将稿件上版。

三、报纸体育编辑的工作种类

（一）按照工作性质划分

1. 文字编辑

主要工作是对报纸稿件进行文字编辑，负责稿件的组织、选择、修改、标题制作、稿件配置等工作。

2. 版式编辑

又称为美术编辑，是专门进行版面设计与编排的编辑。其主要工作是负责版面的版式设计、组拼和修饰工作。

3. 图片编辑

负责新闻图片的选择和编辑。有的报纸没有专门的图片编辑，由文字编辑负责新闻图片编辑的工作，而有的报纸则会细分为漫画编辑、图表编辑等。

4. 内务编辑

又称为编务，是负责报社内部业务事宜的工作人员，其主要工作包括搜集、研究和整理报社内部情况，出版新闻业务内部交流刊物，培训通讯员骨干，接待来访的读者，处理读者的来信来电，调查报料线索的真假等。

[6]　节选自张垒.一个编辑的一天[J].中国记者，2007，4.

（二）按照管辖范围划分

1. 体育报纸总编辑

在中国通行的是总编辑负责制，是主管编辑、采访和通联等新闻业务的总负责人和主要决策者。

2. 体育报纸编委会成员

编委会是报纸编辑部工作的领导机构，包括总编辑、副总编辑等重要编辑部门负责人，编辑部工作的重大问题一般由编委会讨论商定。其主要职能是：制定报纸编辑方针，领导报纸采编工作，制定报纸采编经费预算；主持报纸的重要新闻策划及实施工作；审读并签发重要稿件、主要标题和报纸的大样清样等。

3. 体育部主任

是体育部的负责人。其主要职能是：参加报社的总编辑会议和编前会议，全面负责体育新闻部的管理工作和体育版的采编业务；制定体育部的年度工作计划、经费预算，召集部门编前会议，组织体育报道的策划工作；组织和安排体育记者的采访工作；审读、挑选、修改、签发体育稿件；审读和签发体育版的大样清样并交付值班的编委会成员签发付印。

4. 责任编辑

负责组拼体育版面的编辑。其主要职责是：负责有关版面的策划与编辑工作，选择和修改新闻稿件，编辑新闻图片，修改与制作标题，配置新闻稿件，设计版样，校对样张等。

5. 校对

负责文字校对工作的专职人员。其主要职能是：根据文字原稿或编辑的改定稿核对校样，订正差错，以保证版面的质量。有的报纸的体育新闻部设有专门的校对，但大多数报纸的校对员隶属于报纸专门的编辑部门。

案例链接

国外体育报道编辑机构——体育部[7]

体育对传媒组织很重要，除小规模以外的所有传媒组织都把体育部作为编辑队伍的组成部分，并配备职业体育记者。在美国报业部门中，无论是全国性的，还是地区性的报业公司，体育部都是三个传统编辑部门之一，其他两个是新闻部和特稿部。体育部有自己单独分配的版面，体育部有专人编辑自己的版面。通常，体育部由一名体育版主编领导，向报纸主编负责，并与新闻版主编和特稿版主编、助理编辑（sub-editors）以及产品主管一起参加编辑会议。编辑会议确定当天的新闻议程和第二天报纸分配给每个部门的篇幅，分配给体育部的版面数量往往每天都不同，取决于当天是星期几和某些既定日期的体育议程，体育主编必须知道他打算用什么内容（通常为新闻组合、赛事报道、特稿和评论）来填补版面以及由谁来

[7] [英]菲尔•安德鲁斯著.周黎明译.体育新闻从入门到精通[M].北京：中国人民大学出版社，2010：7-9.

提供稿件——是职员记者、自由记者，还是通讯社。作者提供的稿件由助理编辑处理，其工作是核实稿件的真实性、检查拼写错误和语法错误、确保稿件符合报纸分配的版面，并撰写标题和图片说明文字，有些助理编辑还要参与排版和设计，当大量体育赛事举行的繁忙期来临，如星期六下午，“临时性”自由助理编辑就会加入这个“助理”职员队伍。

四、体育新闻编辑的社会责任

“体育是人类共同创造的一种特殊的社会文化活动。它所构建的以公平竞争为道德核心的，以和平、进步和团结为目标的价值体系和价值标准，得到了全人类普遍认同。在当代中国，体育对维护政治稳定、促进经济繁荣、增强人民体质、培养意志品质、丰富文化生活、振奋民族精神、增进对外交往等诸多方面起着越来越重要和不可替代的独特作用。”[8]体育新闻编辑应努力承担相应的社会责任，使体育新闻报道的社会价值得以顺利实现，以更好地推动社会的良性和有序发展。

（一）理解并在体育新闻报道中反映体育的实质，积极发挥体育事业在加强社会主义核心价值体系建设中的重要作用

20世纪80年代，女排精神成为中华民族精神和时代精神的重要象征，至今仍对国人有着积极的影响和激励作用。由此，我们可以看出体育以及体育报道对加强社会主义核心价值体系建设有着重要作用。在现代化建设进程中，中国社会出现了许多问题和不稳定因素，引导公众树立正确的核心价值体系是解决问题的关键所在，新闻媒体对社会有着重要的影响力和推动力，而新闻编辑处于体育新闻报道工作的中心，是新闻报道工作的设计者、决策者、指挥者、组织者和加工者。新闻编辑应致力于发挥体育报道事业在加强社会主义核心价值体系建设中的重要作用，理解并在体育新闻报道中反映体育的实质，用读者喜闻乐见的方式宣扬体育精神和体育道德风尚，培育良好的舆论氛围和社会心态，注重人文关怀，使人民享有健康、丰富的精神文化生活，发挥体育传播在舆论引导、社会教育等方面的积极作用。

案例链接

《重庆时报》伦敦奥运特刊发刊词——《金牌之外》[9]

1988，我扳着指头帮咱家数金牌，刚用完一只手。

2008，举双手双脚也不够。

二十年间数数的记忆，都敌不过孔令辉和瓦尔德内尔的一场大战。

2000年，我大三，在喊声震天的食堂里，同时为孔令辉和老瓦加油。

我甚至清楚地记得，当时摔坏的那个饭钵价值人民币三块五。

那是一场，绝对公平下的巅峰对决。

[8] 梁晓龙.体育与体育的功能与作用[J].体育文化导刊,2003,4:3.

[9] 赵黑.金牌之外[N].重庆时报，2012-7-26（11）.

孔令辉在这届比赛前理发三次，想以一个霸气的发型，完成自己的大满贯理想。
夺冠后的他，撕衣、洒泪、狂吻国旗，一直内向的他展现出了自我的一面。
巅峰之战，总有人落败。虽然残酷，但输球的老瓦一样是带着尊严离开。
两人的命运在悉尼交叉之后又各自前行，但起起伏伏都不影响粉丝对他们的爱。
公平、理想、尊严、自我、残酷、命运、爱……
比赛中的元素，几乎就是人生意义的全部。
之所以对这场比赛记忆犹新，也因其超越了金牌的范畴。
让人，更关注人。
孔子主张，天地之外，人是最值得敬重的。
于丹说，孔子的《论语》的真谛，就是告诉大家如何才能过上我们心灵所需的快乐生活。
所以，我们为你献上这份特刊，用这些彰显人生意义的词汇来划分大部分版面。
所以，我们的特刊名为《伦语》，
既是向伦敦致敬，也是想说：金牌固然重要，但人更应该被关注。
奥运会上的每个运动员，都在赛场上演绎自己的人生。
而我们每个人的人生，又何尝不是一场奥运？
人生充满酸甜苦辣，而奥运的意义，更多的应是在金牌之外。
暴雨刚过，奥运已至。
2012，让我们说人话。

（二）倡导健康、科学、文明的生活方式，促进群众体育和竞技体育均衡发展

现代社会，公众的生活节奏越来越快，所面临的竞争和压力也越来越大，身心亟需用科学、系统的体育健身进行调节。“越来越多的人把健康问题放在了价值观的首位，把通过体育手段获取健康看得越来越重要。……经济和社会发展为社会体育提供了更好的外部发展条件。”[10]积极促进群众体育事业的繁荣和满足大众的相应需求是社会发展进步的需要与体现。倡导健康、科学、文明的生活方式，促进群众体育活动的发展是体育新闻编辑重要的社会责任。大众媒体在人们的生活中有着极大的影响力，媒体报道是公众形成良好的生活理念和习惯以及推动群众体育发展的有力手段，媒体对群众体育信息积极、准确、全面、及时的报道，有助于营造良好的社会舆论氛围，激发人们对体育的兴趣，促进人们的体育参与，全面满足公众的体育信息需求，并进而推动中国体育事业的全面发展。

[10] 卢元镇，倪依克等.现代化进程中的中国社会体育[J]. 体育学刊，2003，10（1），6-9.

案例

A12　体育·乐活

有没有除夕不打烊的健身房

杭城蛇年春节免费运动餐
欢迎你来占便宜

一年365天

TIPS

图1-1　《钱江晚报》2013-2-9　A12版

分析

报道《杭城蛇年春节免费运动餐欢迎来占便宜》介绍了春节期间的健身去处，并提供了市中心提供免费运动餐的人气健身房等市民感兴趣的新闻信息。该报道较好地把握了读者的体育信息需求，使媒体整合信息为读者服务的社会功能得以实现。

法规链接

表1-4　加强群众体育宣传有关文件[11][12][13]

文件名	相关规定	发布时间
《全民健身计划纲要》[1]	（十七）加强宣传工作，形成全民健身的舆论导向，增强全民体育健身意识，提高对全民健身工作的重视程度。使全社会认识到，身体素质是思想道德素质和科学文化素质的物质基础，全民健身工作是社会主义精神文明和物质文明建设的重要内容，体育发展水平是社会进步与人类文明程度的一个重要标志。	1995年6月20日
《中共中央国务院发布了关于进一步加强和改进新时期体育工作的意见》[2]	（二十九）进一步加强体育宣传报道工作。新闻舆论对促进体育事业的繁荣发展具有重要作用。要坚持正确的舆论导向，弘扬中华体育精神，普及体育科学知识，倡导健康、科学、文明的生活方式，维护社会稳定，为推动体育事业健康发展营造良好的舆论环境。	2002年7月22日
《全民健身条例》[3]	广播电台、电视台、报刊和互联网站等应当加强对全民健身活动的宣传报道，普及科学健身知识，增强公民健身意识。	2009年8月19日

[11]　全民健身计划纲要[EB].http://www.sport.gov.cn/n16/n1092/n16849/312943.html,2013-1-8.

[12]　中共中央国务院发布了关于进一步加强和改进新时期体育工作的意见[EB].http://www.sport.gov.cn/n16/n1092/n16849/127397.html,2013-1-8.

[13]　全民健身条例[EB].http://www.gov.cn/zwgk/2009-09/06/content_1410533.htm,2013-1-8.

（三）准确把握受众需求，积极迎接市场挑战，努力规避市场经济可能带来的负面效应

市场经济时代，体育编辑应准确把握受众的信息需求，以赢得读者和市场的认可和接纳，新闻出版界全面推进的“转企改制”工作，促使编辑必须以更为积极的姿态迎接市场挑战，以获得生存和发展的空间。“报纸的目的就是真实记录时代，准确诠释常识，从而推动社会的进步。”[14]在强调满足受众需求的同时，编辑应以辩证的眼光对受众需求进行观察和判断，提供有益于公众和社会健康、有序发展所需的体育信息，不能一味地迎合某些受众的低俗需求，应坚守新闻工作底线。体育新闻报道娱乐和休闲功能十分突出，公众也需要媒体给他们提供轻松、愉悦的体育报道，体育新闻编辑工作应着力呈现体育报道特点，但要把握好尺度，避免庸俗化、色情化等报道倾向，使媒体不仅获得好的经济效益，同时赢得良好的社会效应。

案例

图1-2 《东莞时报》2010-6-20 T04版

图1-3 《东莞时报》2010-6-24 T封面

分析

图1-2、3为《东莞时报》2010南非世界杯特刊的两个版面，版面色情意味过浓。2013年2月27日，《羊城晚报》、中青时评、长江时评等对东莞15秒城市形象宣传短片以及东莞如何摘掉“性都”帽子发表了相关评论，东莞城市形象定位和提升成为媒体和公众的热议话题。都市报在培育公众价值观和社会心态、营造城市形象等方面有着重要的作用，《东莞时报》是由东莞日报社主办、东莞地区零售量最大地方都市报，对社会和民众有着巨大的影响力，编辑不能仅仅满足于给读者提供有冲击力的“劲爆”新闻，还应注重报道的社会效应，避免报道的色情化倾向。

[14] 张寒.戴自更创办新京报回归常识[N].新京报,2012-11-8(特16).

（四）适应受众阅读习惯的转变，提供符合媒体融合时代受众需求的报道内容和形式

“CTR（央视市场研究股份有限公司）研究数据表明，从2011年第四季度开始，报纸广告刊登量明显减少；2012年1-9月，报纸是传统媒体中广告投放唯一下降的媒体，降幅达到8.2%；据慧聪研究报告，2012年1-5月，全国报纸广告按刊例价计算为397.8万亿元，下降5.10%。从报纸广告的行业资源特征看，最重要的前3个行业出现不同程度的同比缩减，房地产、零售业、汽车占报纸广告总规模已经下降到52%。”[15]媒体融合时代，报纸面临着巨大的生存危机，体育新闻编辑应从报纸特点和优势出发，提供符合受众阅读习惯和需求的报道载体和内容。为了与市场和受众需求对接，报纸已走上数字化发展的道路，许多报刊建立了完全独立于纸质出版的数字出版部门，还有一些报刊采取整合策略，重组编辑部门和流程，以使他们的出版内容不需要考虑以何种平台发布——即内容被创建以后，既可适用于纸质媒体出版，还可适用于网络出版，甚至是其他一些终端平台的发布，如电视、移动终端等。

新闻链接

北大方正电子有限公司与华商传媒集团联袂打造南非世界杯新闻共享平台，华商传媒集团可借此平台实现报纸、网站、视频、手机播报等多媒体出版产业链滚动报道，远赴南非现场的赛事报道小组可在第一时间将各类新闻资讯传回总部，华商传媒集团下属的《华商报》、《重庆时报》、《华商晨报》、《新文化报》以及华商网借助此平台报道世界杯，新闻共享平台不但可以提供文字和图片信息，还可提供视频、音频、动画等多种类型的新闻素材，从而打造一个跨媒体的联动平台，可以满足报纸、电视、广播、网站等各种类型媒体的需求。[16]

案例链接

《新京报》提出了“深度化、杂志化、视觉化、差异化”的方向：“不与微博拼传播速度、广度，而是拼专业、拼深度、拼公信力，我们相信在人人都会做饭的时代，依然需要专业的厨师。……让更多的员工利用新媒体、新技术去创新更多的传播平台，使新京报的优势能得到更好的体现和传播。”[17]

分析

根据《2012年中国报刊广告投放年度报告》[18]，《新京报》广告投放居北京地区媒体之首、全国第四，这说明有传播力和公信力的报纸仍会得到市场和受众的认可与接受。

---

[15]　黄升民，马涛. 2012报业盘点[J]. 中国报业, 2013, 1:9.

[16]　方正电子为华商传媒集团搭建世界杯新闻共享平台[N]. 中国新闻出版报，2010-6-11（3）.

[17]　张寒. 戴自更创办新京报回归常识[N]. 新京报, 2012-11-8(特16).

[18]　梅花网研究院发布了《梅花网中国报刊广告投放年度报告》[EB]. http://tech.hexun.com/2013-01-25/150593960.html，2013-1-26.

第二节　报纸与体育新闻报道

本节要点

国外报纸与体育新闻报道

国内报纸与体育新闻报道

一、概述

报纸是最早出现的大众传播媒介，是指有固定名称、刊期、开版，以新闻与时事评论为主要内容，每周至少出版一期的散页连续出版物。随着经济的繁荣与体育运动的发展，体育新闻在报纸中占据了越来越重要的位置。除了专门报道体育新闻的专业体育报纸外，综合性报纸基本都有体育新闻报道，且大都开设有体育专版，甚至有专门的体育专刊。

报纸主要以文字符号来传播信息，辅之以图片符号，读者在阅读报纸报道时，可仔细品味、深入思考，便于深度报道，不受时间和空间限制，保存性强，相比网络等新兴媒体，其权威性和公信度强，但时效性相对较弱，不能给受众提供最新资讯，存在携带及传阅不便、表现形式单一等弊端，报纸以静态文字和图片传递和表达体育信息，对读者文化程度有一定要求。报纸的出版周期使其难以捕捉新闻的第一落点，其报道载体也使体育新闻报道缺乏立体感和动态感，报纸体育编辑应准确、深入地了解媒体融合时代受众的阅读习惯和需求，结合报纸特点和媒介自身优势，致力于为目标受众提供内容优、形式好的体育新闻报道。

二、国外报纸与体育新闻报道

（一）国外报纸体育报道概况

1. 综合性报纸的体育报道

公元前59年的《罗马公报》（又称《每日记闻》）已有角斗竞技体育新闻报道[19]，“体育新闻编辑产生于19世纪80年代。1883年，美国报业先驱约瑟夫·普利策（Joseph Pulitzer）在其《纽约世界报》创建了世界新闻史上的第一个体育新闻部，配置了专门的体育新闻编辑。1895年，W·H·赫斯特（Hearst，William Randolph）在《纽约日报》首次开辟了常规性

[19]　朱宙炜，张胜利. 体育传播学导论[M]. 北京：北京体育大学出版社，2007：89.

的体育版。此后，欧美大多数通讯社和综合性日报均配备有专业的体育编辑，专门从事体育新闻的编辑工作。”[20]为了争取受众，美国报纸已将体育新闻视为重要的报道内容和竞争手段，综合性报纸中的体育新闻版数较多，报道详尽、分类较细。英国报业市场的体育版竞争也极为激烈，“许多全国性报纸和日报将体育报道从过去排在倒数两三版，扩展到现在的每天多达28个大版面组成的单独部分——比综合新闻版或艺术版的篇幅都要大。”[21]

案例链接

创刊于1982年9月的《今日美国》是美国唯一的彩色全国性英文对开日报，以彩色版面、消息集中、多用图表、重视体育报道、便于读者迅速获得所需信息吸引读者。问世不足两年的时间里，发行量即跃至全美第三位，与《纽约时报》、《华尔街日报》两份百年老报并驾齐驱，报纸创刊第四年，其实际读者人数已跃居全美日报之冠，《今日美国》已连续多年稳居榜首，高达220万份，是美国大报中最年轻的一份报纸，创造了美国报业的奇迹。[22]该报的成功与其高度重视体育报道有一定的关系，《今日美国》的体育版细分为橄榄球、棒球、篮球等板块，能够较好地为不同的体育新闻受众提供他们感兴趣的体育信息。

2. 体育专业报纸

美国是世界公认的体育职业化程度最高的国家，但目前美国没有专业的体育报纸。1990年，美国曾创办过一份体育专业日报——《国家体育报》，不惜重金从全国“挖来”一流人才，与其他综合性报纸的体育版竞争，但这份报纸仅生存了18 个月便倒闭了。较为著名的体育专业报纸主要在欧洲，如意大利的《米兰体育报》、法国的《队报》、西班牙的《马卡报》等。在报业大国日本，体育新闻在报纸中也占据着十分重要的位置，有多份发行量大的体育报纸，世界报业协会连续几年公布的“世界日报发行量排行榜”，多份日本体育专业报纸位列其中，拥有着可观的发行量，在全球报业形成了独特的“日本体育报现象”，但多为打着体育幌子的“色情小报”，社会地位不高。表1-4显示了位列2011年世界日报发行量前100名的日本体育报纸名单。

表1-5　位列2011年世界日报发行量前100名的日本体育报纸[23]

世界日报发行量排名	报名	发行量（万份）
22	东京体育报	178.0
23	体育日本	177.0
27	日本体育报	166.7
44	产经体育报	127.2
81	体育日报	71.2
96	中日体育报	63.8

[20]　郝勤.体育新闻学（第二版）[M]. 北京:高等教育出版社，2011：441.

[21]　[英]菲尔 安德鲁斯著，周黎明译.体育新闻从入门到精通[M]. 北京：中国人民大学出版社，2010：2.

[22]　刊物简介[EB].http://baike.baidu.com/view/401267.htm?fromId=1257908,2013-2-20.

[23]　节选自2011年世界日报发行量前100名排行榜[J]. 新闻记者,2012,10(355).

（二）重要的国外体育报纸简介[24]

1.《米兰体育报》（《La Gazzetta Dello Sport》

意大利专业体育报纸，欧洲历史最悠久的体育报纸之一，第一期报纸在1896年4月3日印制，报道了当时即将在希腊雅典开幕的首届现代奥林匹克运动会。起初以报道自行车运动为主要内容，此后的100余年时间里，报道范围涵盖了几乎所有的体育项目，并逐渐将足球作为报道重心，每期与足球有关的版面占据大半，而关于米兰城两大球队（国际米兰队与AC米兰队）的报道更是该报的最大卖点。目前的《米兰体育报》为日报，并在每周六随刊出售杂志《体育周刊》。“《米兰体育报》以严谨的办报风格著称，内容以体育资讯为主，注重人物报道及评论，并以经常大胆披露体育比赛中的阴暗面著称。该报版面设计朴实无华，图片以黑白为主，在体育专业媒体中有很高威望，是意大利最有影响的报纸之一。”[25]

2.《队报》（《L’Equipe》）

法国最权威的体育日报，前身为1900年创办的《自行车与汽车报》，至今已经有百余年的历史，该报素以“麻辣”风格著称，注重新闻的独家性，赛前信息和比赛结果的即时报道，除报纸外，队报集团旗下还有《法国足球》、《队报杂志》、《自行车》、《运动生活》、《橄榄球》等知名杂志以及网站、电台、电视台，是全球最大的体育类传媒集团。

3.《马卡报》（《MARCA》）

西班牙非常畅销的体育报纸。该报纸以报道足球赛事为主，辅以其他方面的体育新闻，信息来源广泛，经常第一时间发表爆炸性新闻。总部位于西班牙马德里，是足球队皇家马德里的御用报纸。初期为周刊，创始人马努埃尔·费尔南德斯·库埃斯塔曾是《图片》周刊业主，1942年11月21日，周刊改为8版7栏对开本日报。2004年获得美国新闻媒体视觉设计协会（SND）“世界最佳日报设计奖”。“该报凭借经常刊登重大独家新闻、广泛的信息资源和突出视觉语言的设计成为欧洲体育专业报领军之一，为全球的体育迷所熟悉。”[26]

4.《体育图片报》

德国专业的体育报纸之一，目前为周报。大量优质、精彩、及时的体育类图片配合相关体育新闻报道、特约评论、人物访谈的形式深受体育迷们的喜爱。

5.《东京体育报》（Tokyo Sports）

日本发行量最大的体育报纸之一，是一份全国性的体育晚报，成立于1958年，前身是国民时报新社的国民时报，1962年9月更为现名。

---

[24] 资料主要来源于体坛网全球报刊总汇频道http://headline.titan24.com以及baidu百科。

[25] 郝勤.体育新闻学（第二版）[M]. 北京:高等教育出版社，2011：102.

[26] 郝勤.体育新闻学（第二版）[M]. 北京:高等教育出版社，2011：102.

三、国内报纸与体育新闻报道

（一）国内报纸体育新闻报道概况

1. 近代以来的报纸体育新闻报道

在中国，最早刊登体育新闻报道的报纸是综合性报纸，从20世纪20年代开始，一些通商大埠的报纸，特辟版面专门登载体育消息和评论，如上海的《时报》、《时事新报》、《申报》、《新闻报》，北京的《晨报》，天津的《大公报》等。1933年，南京《中国时报》还以副刊形式出版了56期的《国术、体育、军事周刊》。随着体育的发展，一些面向普通民众，以报道体育新闻、体育时事述评为主的四开体育周报陆续问世，如香港的《体育周报》（1927年），上海的《体育周报》（1929年）、《体育评论》（1932年），广州的《广州体育周报》（1930年），青岛的《体育周刊》（1933年）、《体育世界》（1935年）等。[27]

2. 新中国的报纸体育新闻报道

（1）综合性报纸的体育报道

中华人民共和国成立后的第16天，《人民日报》、《光明日报》等中央级媒体对北京人民体育大会作了报道，揭开了新中国体育报道的序幕。20世纪80年代，中央和各省市综合性报纸陆续成立体育部，开辟体育版和体育专栏，其中，《工人日报》的《体坛纵横》、《中国青年报》的《体育爱好者》、《人民日报》的《体育之角》等是当时较为著名的体育专栏，《新民晚报》、《羊城晚报》、《北京晚报》、《成都晚报》等都市类报纸也在80年代前期先后成立独立的体育新闻部，开设较为固定的体育版，独立的体育新闻编辑部门与固定体育版的出现，标志着体育新闻进入专业化生产阶段。随着经济发展和新闻业竞争的日益激烈，报纸纷纷将体育版作为打开市场、争取受众的重要手段，体育报道越来越受到综合性报纸的重视，尤其是以市民大众为目标读者群的地方报纸，如创刊于1958年3月15日的《北京晚报》，其报道重点就以刊登首都新闻和文化、体育新闻为主。综合性报纸不仅在报道版面、报道人员配备等方面越来越重视体育报道，也在报道内容、报道形式等方面下大功夫，致力于提供更多读者喜闻乐见的体育报道，满足受众的体育信息需求。一些都市类报纸不仅关注竞技体育报道，也逐渐重视向读者提供他们需要的群众体育新闻信息，如浙江的《钱江晚报》。赛事资源分配的不均衡、人力物力的限制等因素制约着众多综合性报纸，尤其是地方性报纸的体育新闻报道，强调报道内容和报道形式的个性化，突出地方性、接近性、趣味性、服务性等因素是综合性报纸体育报道争取受众的有效手段。

[27]　张德胜.体育媒体通论[M].广州：广东人民出版社，2006：32.

资料链接

表1-6 排名前十[28]的都市报晚报2013年1月8日体育版设置情况

序号	报名	所在版组总版数	体育版数
1	南方都市报	29（要闻版，除广告版）	1
2	扬子晚报	37（A叠，除广告版）	5
3	齐鲁晚报	28（A叠）	2
4	广州日报	12（B叠）	3
5	钱江晚报	13（C叠，除广告版）	3
6	都市快报	16（B叠）	3
7	羊城晚报	24（A叠）	2
8	半岛都市报	45（A叠，除广告版）	3
9	新民晚报	12（A叠，除广告版）	2
10	今晚报	20（不分版组）	2

（2）体育专业报纸

1958年9月1日，新中国第一张体育专业报纸——《体育报》（1988年更名为《中国体育报》）正式创刊，一些省市也相继创办了体育专业报纸，目前，中国发行量较大的专业体育报纸是1980年诞生的《足球》报和1988年诞生的《体坛周报》。中国体育专业报纸的黄金时期是1996年到2000年，当时，中国足球职业化刚刚开始，足球热潮带动了体育专业媒体的发展，然而，随着中国足球问题的日渐暴露，公众逐渐对足球失去热情，体育媒体也成为最直接的受害者。2005年7月，创办了17年的《球报》停刊；8月，生存了1992天的《南方体育》停刊；9月，《青年体育报》停刊。之后，国内多家体育报纸相继停刊。随着媒体体育新闻报道竞争的日趋激烈，过度依赖发行收入生存，发展模式、报道内容、报道形式较为单一的体育专业报纸的处境将更为艰难。总体而言，中国体育专业报纸的可读性、深度性、多元性、独特性、创新性等方面仍有着较大的上升空间。如何挖掘体育报纸的潜力和探索出可行的发展之路是体育专业报纸编辑亟需考虑和解决的重要问题。

名词链接

霍布森选择效应（Hobson’s choice effect）[29]

1631年，英国商人霍布森贩马时，把马匹放出来供顾客挑选，但附加上一个条件，即只许挑选最靠近门边的那匹马，对这种没有选择余地的所谓“选择”，后人讥讽为“霍布森选择效应”。

[28] 排名依据：世界报业协会.2011年世界日报发行量前100名排行榜[J]. 新闻记者,2012,10(355).

[29] 刘京林.传播中的心理效应[M]. 北京：中国传媒大学出版社，2011：.

启示

在新闻竞争日趋激烈的今天，读者已由过去没有选择余地的“受”众，变得更加地主动。体育新闻编辑应努力避免霍布森选择效应、真正理解体育的内涵、深入了解和准确把握社会公众需求、寻找受众信息需求的空白点、挖掘潜在受众，不断开拓报道思路。

体育的专业性特点，使得体育报纸市场渐渐走向分众化的时代，如国外的一些报纸会把女性也作为体育报道的市场目标，将报道重点向女性关注的项目和需求的信息倾斜。根据国家体育总局公布的《第二次中国群众体育现状调查结果报告》[30]，女性占我国的体育人口的比例为43.4%，男性体育人口占男性总人口的20.2%，女性体育人口占女性总人口的15.8%。但在中国体育专业报纸领域，女性的健身需求和消费潜力却被极度漠视。市场定位明确和针对性强的高报道质量报纸能获得较好的生存空间，如隶属于广州日报报业集团的《篮球先锋报》已成为中国篮球迷获取篮球资讯的重要信息渠道。

语录链接

“体育新闻报道不能简单的理解为对比赛胜负的信息传播，更应有多元的文化内容。这是21 世纪体育发展的一个趋势，更应成为体育报道的一个方向。报道不专业，不深入，体现不出平面媒体独有的深度、广度和厚度的特点，是中国体育报刊失去受众至关重要的因素。”[31]

资料链接

表1-7　2013年邮局可订阅的体育专业报纸[32]

序号	报名	刊期	发报刊局
1	中国体育报	一周六报	北京
2	中国体彩报	一周三报	北京
3	篮球报	一周两报	北京
4	体育天地报	周报	北京
5	假日休闲报 门球周刊	周报	北京
6	上海东方体育日报	一周五报	上海
7	球迷	一周两报	天津
8	体育天地报	周报	辽宁
9	体育晨报	周报	济南
10	扬子体育报.篮霸周刊	周报	南京
11	体坛报·体育大周末	周报	浙江
12	围棋报	周报	武汉

[30] 中国群众体育现状调查结果报告[EB]. http://www.sport.gov.cn/n16/n41308/n41323/n41345/n41426/n42527/n42632/171416.html，2013-2-18.

[31] 程雪峰.集中与转型：全媒体时代中国体育报刊突围之路[J]. 新闻界,2011,4:40.

[32] 名单已剔除重复和已停刊的《体育周报》.来源：http://bk.chinapost.com.cn/catalogSearch.do?method=findCatalogByType&typeValue=09&degree=1，2013-2-20

续表

13	体坛周报	一周三报	湖南
14	足球报	一周两报	广东
15	羊城体育报	一周两报	广东
16	篮球先锋报	一周两报	广东

（二）现存的重要体育报纸[33]

1.《中国体育报》

由中华人民共和国体育运动委员会（现国家体育总局）主办的全国性体育日报，创刊于1958年9月1日，1988年7月1日由《体育报》改名为《中国体育报》，并由周二、周三、周四刊发展为日报。20世纪80年代是该报的黄金时期。作为国内惟一的体育日报，该报的权威性、专业性和影响力是无可比拟的，在1990年北京亚运会期间，该报曾创下日发行量86万份的记录。1999年12月28日，中国体育报社与新体育杂志社、人民体育出版社、中国体育杂志社重新组合而成的拥有近30种体育报、刊以及各类体育图书、音像出版物的中国最大的体育传媒基地——中国体育报业总社，担负着全面准确宣传体育工作方针，宣传“全民健身计划”和“奥运争光计划”，普及体育健身知识，传播体育信息，坚持正确的舆论导向的任务。

资料链接

表1-8　中国体育报业总社下属媒体

类型	报刊名
报纸	《中国体育报》《中国足球报》《体彩导刊》《篮球报》《体育新报》
杂志	《新体育》《足球世界》《篮球》《乒乓世界》《田径》《网球天地》《搏》《体育画报》《围棋天地》《羽毛球》《跆拳道》《尚舞》《嘉人》《心理》《高尔夫》《越野》《鞋帮》《中华武术》《健与美》《健康之友》《中国钓鱼》《车王》《运动休闲》《健康顾问》《中国运动医学》

2.《足球报》

由广州日报社和广州市体委主办，是我国第一份足球类报纸，于1979年11月7日试刊，1980年1月4日创刊。1984年1月，《足球》改为周报，定期于每星期二出版。1993年1月，《足球》报改为每期16版的一周双刊。2001年1月1日足球报增刊至周三刊，逢一、三、五出版，成为国内出版最频密的足球专业报纸。2004年7月起，《足球》报推出"劲体育"板块，全面报道各项体育赛事。

[33]　资料主要来源于各报官网、baidu百科以及搜狐体育《体育报30年回顾》[EB]. http://sports.sohu.com/20111231/n330898369_1.shtml，2013-1-21.

3.《体坛周报》

1988年7月1日在湖南长沙创刊，每周一、三、五发行。1990年12月3日推出“欧洲各国联赛速报”栏目，成为国内第一个系统报道欧洲各国足球联赛的媒体。1994年后借助中国甲A联赛和欧洲足球联赛的大量报道，逐渐开始占据中国体育传媒市场，于2001年中国世界杯出线时创下期发量262万份的纪录，成为期发量最大的体育报，连续两届被国家新闻出版总署评为全国地方报业百强。

4.《球迷》

由天津日报社主办，1985年7月创刊，最高发行量曾达近百万份。2001年6月，《球迷》报扩为周双刊；到2003年，《球迷》报已经发展到小张对开24版，每周双刊。因其报道客观、内容真实丰富、贴近球迷，在国内有着非常广泛的影响力，在读者中有着很好的声誉。

5.《东方体育日报》

前身是创刊于1990年1月1日《体育导报》，由上海市体委创办。1994年6月6日，由新民晚报社和上海市体委联合主办的《新民体育报》诞生。1998年，《新民体育报》从《新民晚报》体育部中剥离，实行自主经营。2002年5月18日，《新民体育报》正式更名为《东方体育日报》，成为中国唯一的体育日报。报纸以上海为中心，覆盖长三角及华东地区，是囊括竞技体育和群众体育，为读者提供及时、全面、深入的体育资讯的专业类媒体。

6.《篮球先锋报》

由广州日报报业集团主办，创刊于2004年10月8日，现已成为中国最大的篮球平面媒体，也是排名全国前三位的体育平面媒体。

思考与练习

1.体育新闻编辑的主要工作内容?

2.结合实际，思考体育编辑的社会责任。

3.思考媒体融合时代体育编辑面临的挑战和对策。

4.选择一份体育专业报纸，运用CIS理论加以分析。

5.选择一份国外报纸和一份国内报纸，阅读其近期一周的体育报道，撰写观察报告。

6.选择一份综合性报纸和体育专业报纸，阅读其近期一周的体育报道，撰写观察报告。

第二章 体育新闻报道策划

本章提示

新闻报道策划也称为微观策划，是新闻编辑人员依托新闻事实，遵循新闻传播规律，对如何展开（重大）报道活动所进行的富有创意的设计，新闻报道策划有助于调动各种资源、深化报道主题和提高新闻报道的质量。随着新闻的不断发展，媒体竞争已有独享资源领域进入了共享资源的同题竞争领域，“策划制胜”成为业界普遍认可的新闻理念。进入媒体融合时代，时效上处于劣势的报纸对信息进行梳理、筛选和整合，追求最佳报道效果，是报纸的制胜手段，尤其在体育新闻报道领域，报道对象多为可提前获知的新闻事件，如奥运会等重大赛事。报道对象的共同性和不可回避性使体育新闻行业竞争更为激烈，对报道进行精心策划与设计，以获得良好的报道效果，从而赢取受众和市场，是体育新闻编辑的重要工作任务，编辑必须具备良好的新闻报道策划能力。

学习目标

1.理解体育新闻报道策划的参考因素、原则。
2.了解体育新闻报道策划的主要类型。
3.掌握体育新闻报道策划的具体操作。

第一节 体育新闻报道策划概述

本节要点

体育新闻报道策划的参考因素
体育新闻报道策划的原则
体育新闻报道策划的类型

一、体育新闻报道策划的参考因素

体育编辑要根据报道对象情况、本报情况、报社外部情况等方面进行新闻报道策划：

（一）报道对象情况

1. 新闻事实本身具有的报道价值

重点专题报道涉及的主题应具有较为重大的新闻价值，是读者有较大阅读兴趣的事件或话题，报道策划应从主题的报道价值出发，并与之相符。

新闻链接

港媒全方位追踪郭晶晶大婚 海陆空三军齐出动[34]

腾讯体育讯 郭晶晶和霍启刚之间的婚礼，在各界也引起了巨大的轰动。为了报道这次婚礼，媒体们可谓不遗余力，吊车、舰艇，只有你想不到的，没有狗仔队们用不到的。腾讯体育记者吕长伟（微博），便在自己的腾讯微博上感慨报道规模之宏大，“为了报这场婚礼，海陆空三种交通工具全用上了”。

在郭晶晶和霍启刚的婚礼期间，香港方面如临大敌，霍家大宅进入全封闭的状态。但上有政策，下有对策，有什么能逃得出神通广大的香港狗仔队呢？香港记者为了报道这场婚礼，干脆出动了4台吊车参与报道。每辆吊车升高8米的距离，这样可以居高临下的奉上郭晶晶霍启刚大婚的第一手资料。为了维护现场的秩序，香港也派出了大量的保安和警察前往现场。当看到头顶上的升降机盘旋时，连身为婆婆的朱玲玲，亦是大感惊讶。

不仅如此，甚至还有海上的交通工具参与其中进行报道。在吕长伟的微博上，清楚的拍

[34] 港媒全方位追踪郭晶晶大婚 海陆空三军齐出动[EB]. http://sports.qq.com/a/20121111/000251.htm, 2013-2-20.

摄到了一艘大型舰艇停泊，随时准备参与到霍启刚和郭晶晶之间的婚礼报道之中。这一幕也足以说明，婚礼报道规模之大。

为了能够报道郭晶晶和霍启刚之间的婚礼，媒体们可谓使出了浑身解数，海陆空三军齐用的场景，也着实惊人。众多留言的网友，在纷纷对婚礼双方进行祝福的同时，亦是对媒体报道婚礼的大手笔倍感吃惊，同时对双方宏大的婚礼充满了羡慕之情。

点评

奥运冠军郭晶晶和拥有显赫家世的霍启刚从婚前到婚后，一直是媒体报道追逐的焦点，是体育新闻娱乐化的典型代表案例，报道对象的显著性使"晶刚恋"成为众多报纸新闻策划的报道对象和专题版内容，但媒体的过分关注和部分媒体的不当报道使报道走入了新闻炒作的误区。

概念厘清

表2-1 新闻策划与新闻炒作异同

相同性	目的：追求受众关注和社会反响，以扩大媒体影响力，进而提升品牌价值，增强媒体实力。 手段：注重创意，有周密计划，并结合实际情况按计划执行。 形式：讲究包装，从报道风格到规模，均有明确规划，并不乏夸张、渲染倾向，以增强报道的感情色彩和视觉冲击力。	
区别	新闻策划	新闻炒作
遵循规律	以客观新闻存在为策划的基本前提条件，媒体主动参与的非独立型新闻策划的选题与社会公共利益有关，遵循新闻规律，符合新闻真实性要求。	既可以借客观存在的新闻为由头，也经常主动地制造新闻，然后报道，新闻报道的主题往往与社会公共利益无关。
关注效果	虽然关注社会反响，但更强调社会效果，有较强的社会责任感，以事实说话，尽量客观公正，主动接受法规和道德的约束，较少出现偏差。	偏重轰动效应和卖点，较少考虑社会效果和社会责任感。为了制造轰动效应，哗众取宠，报道立场往往带有明显倾向性，有失客观公正。
关注题材	选题意义比较重大，也讲究时机，使选题的新闻价值、社会价值得以充分地显现，从而增大新闻效果。报道规模与报道价值相符。	往往小题大作，报道流于煽情、琐碎、刻意渲染，报道规模超出报道本身的价值。

2. 重大体育新闻报道策划的主要对象

重大策划对象包括大型赛事、其他有社会影响力的赛事、重大体育活动、与体育有关的重大社会事件、与体育明星有关的新闻事件、重要纪念日、节日以及具有较大新闻价值的非事件性新闻等。

（1）大型赛事[35]

①全国运动会以上的综合性赛事

包括奥运会、亚运会、全国运动会等国内外重大综合性赛事。

②世界级别的单项赛事

[35] 易剑东. 大型赛事报道与媒体运行[M]. 杭州：浙江大学出版社，2008：5.

包括足球世界杯、网球四大满贯赛事等国内外重大单项赛事。

资料链接

表2-2　2013年重大体育赛事[36]

时间	项目	赛事名称	举办地
1月21日–2月3日	网球	澳大利亚网球公开赛	墨尔本
3月8日–3月10日	冰雪	短道速滑世锦赛	匈牙利德布勒森
3月10日–3月17日	冰雪	花滑世锦赛	加拿大伦敦
3月16日–3月24日	冰雪	女子冰壶世锦赛	拉脱维亚里加
3月25日–3月31日	斯诺克	中国公开赛	北京
3月28日–4月1日	乒乓球	世界杯团体赛	广州
3月待定	羽毛球	全英赛	英国伯明翰
4月14日	赛车	F1上海站	上海
4月16日–4月21日	羽毛球	亚锦赛	台北
4月20日–5月6日	斯诺克	世锦赛	英国 谢菲尔德
5月13日–5月20日	乒乓球	单项世锦赛	法国巴黎
5月19日–5月26日	羽毛球	苏迪曼杯团体赛	马来西亚吉隆坡
5月27日–6月9日	网球	法国网球公开赛	法国 巴黎
6月12日–6月16日	乒乓球	中国公开赛	待定
7月1日–7月14日	网球	温布尔登网球公开赛	英国 温布尔登
7月19日–8月4日	游泳	世锦赛	阿联酋迪拜
8月10日–8月18日	田径	世锦赛	俄罗斯莫斯科
8月待定	羽毛球	世锦赛	广州
8月1日–8月31日	排球	女排大奖赛	总决赛日本
8月14日–8月18日	乒乓球	中国大奖赛	中国 苏州
8月26日–9月8日	网球	美国网球公开赛	美国 纽约
8月31日–9月12日	综合	全运会	沈阳
9月1日–9月30日	排球	亚锦赛	女排：泰国大城 男排：阿联酋迪拜
9月待定	斯诺克	上海大师赛	上海
9月20日–9月22日	乒乓球	女子世界杯	待定
9月30日–10月6日	网球	中国公开赛	北京
10月7日–10月13日	网球	上海大师赛	上海
10月25日–10月27日	乒乓球	男子世界杯	比利时韦尔维耶
10月待定	体操	世锦赛	比利时 安特卫普
11月待定	排球	女排大冠军杯	日本名古屋、东京

（2）其他有社会影响力的赛事

除以上所谈的重大赛事外，NBA、CBA、欧洲足球联赛等受众较为关注的赛事。

[36]　2013年综合体育重大赛事一览[EB]. http://sports.qq.com/a/20121122/000576.htm,2013-2-25.

（3）重大体育活动

奥运会主办城市申办等受众较为关注的重大体育活动。图2-1为东京赢得2020奥运举办权的报纸专题版面。

案例链接

1964➡2020 东京再赢奥运举办权

两轮投票中先后击败马德里和伊斯坦布尔，日本政府称核辐射不会对东京的水源造成污染

办奥运 东京成亚洲第一城

三城市 东京市民最不上心

摆乌龙 伊斯坦布尔“胜出”

0.5

45

图2-1 《新京报》2013-9-9 A28版

（4）与体育有关的重大社会事件

世界杯申办贿选、足坛的反赌扫黑行动等与体育有关的重大社会事件。

（5）与体育明星有关的新闻事件

姚明退役、郭晶晶大婚等与体育明星有关的新闻事件。

案例

五色土 34

刀锋战士的另一面

图2-2 《北京晚报》2013-2-20 34版

五色土 35

案情扑朔迷离真相只有一个

图2-3 《北京晚报》2013-2-20 35版

分析

图2-2、3版面是对“刀锋战士”皮斯托瑞斯在2013年情人节当天涉嫌枪杀女友案件的专题报道，皮斯托瑞斯是著名的体育明星，被杀害的斯滕坎普也是南非著名的模特，所涉及事件为具有重大社会影响的暴力问题，报道对象的显著性和事件的重要性使该新闻事件成为媒体体育专题报道的对象。

（6）重要纪念日、节日

包括国庆、中秋、除夕、全民健身日等。如图2-4为国庆长假首日的体育专题报道版面。

案例链接

体育·第一现场

2012.10.1 星期一 钱江晚报 9

中秋国庆长假首日，他们不是抢着上高速，而是抢健身场地

错峰锻炼，免费的，那个爽啊

图2-4 《钱江晚报》2012-10-1 9版

（7）具有较大新闻价值的非事件性新闻

非事件新闻是指受众关注和具有社会意义的非新近发生事件或话题，重在反映某些新闻事件在一定阶段内所呈现的相对稳定状态时的状况，反映其总体情况、规律性，是对某一社会现实情况的综合报道和归纳，是媒体提高报道层次、提供独家新闻的主要途径，针对具有较大新闻价值的非事件性新闻进行新闻策划是时效性不强的报纸可利用的有效竞争手段。如图2-5、6为陪练和女国脚再就业等非事件性新闻的专题报道版面。

案例链接

陪练：冠军垫脚石

女国脚不愿当城管 艰难再就业

图2-5 《新京报》2012-3-12 C04版　　　　图2-6《新京报》2012-3-19 C06版

案例链接

表2-3 2012年3月19日《新京报》赛道周刊报道

版次	标题	具体内容	报道对象
C03	国乒轮回 多特蒙德世乒赛 1959年-2012年	2012年3月25日多特蒙德世乒赛团体赛开赛	重大赛事 体育明星
C04-05	张山 不老的枪神	2012年3月14日，张山失利，失去奥运会正选枪手资格	体育明星 重大赛事
C06	女国脚不愿当城管艰难再就业 奚丁瑛因伤退役后找工作几经挫折，现在京从事少年儿童足球普及工作	运动员再就业是一个公认的难题，尤其是非明星选手	非事件新闻 前国脚
C08	“曾”是希望之星	日前公布中国女排集训名单队员曾春蕾的专访	重大体育活动 （女排名单公布） 国手

（二）本报情况

1. 编辑方针

新闻报道策划要以报纸的编辑方针为出发点，以报纸目标读者的信息需求为依据，设计符合报纸读者定位、内容定位、风格定位的新闻报道，体现报纸的报道优势和特色。

案例

《北京青年报》2012伦敦奥运会《瞰奥》特刊“北京出场”版面[37]

《北京青年报》2012年伦敦奥运会《瞰奥》特刊中推出“北京出场”版面，将重心放在伦敦奥运会中的北京元素上，既突出了北京特色，更注重了北京与伦敦这两个相继举办奥运

[37] 左达文.奥运报道中纸媒如何突破电视镜头与网络的覆盖[J].新闻与写作.2012,9：37-39.

会城市间的关联。重点报道在伦敦奥运会上有着感人故事的北京籍运动员，除了介绍运动员在奥运会的表现，还有北京家访等内容，报道在奥运会上执教外国运动员的北京教练、在奥运会上当志愿者的北京人等。

分析

《北京青年报》是共青团北京市委机关报，是以北京地区青年为主要读者群的综合性日报，该报的伦敦奥运会新闻报道策划体现了报纸的编辑方针。

2. 报道条件

在做体育报道策划时，必须考虑报社的报道条件，以确保新闻策划的可行性，使新闻策划与报社所具备的采集新闻信息的资金、技术设备、人力资源、运行机制与管理水平等方面的情况相匹配。如报纸的名气、资金、人员、采访关系等。有的新闻确实很重要，但由于报社经费和其他方面的原因，不能派出记者到现场进行采访，或者难以让采访对象接受独家采访，这些都是在报道策划中应当予以考虑的，同时应着力于本报情况，开发另辟蹊径的报道思路和策划方案。

案例

《中国航天报》北京奥运新闻报道策划[38]

《中国航天报》北京奥运会推出了“奥运火·航天心”新闻策划，分为两大新闻战役，第一战役以中国航天科工集团公司研制的奥运火炬燃烧系统5月初成功实现珠峰登顶、珠峰传递为标志。表现航天技术让奥运火炬燃烧系统在高海拔、高寒缺氧、极度低温的珠峰实现登顶、跨越与传递，以及几年来航天人为科技奥运工程所作出的艰辛付出与刻苦攻关事迹。第二战役以中国航天科工集团公司承担研制和建设的奥运安保系统，在北京奥运会和残奥会举行期间为赛场安全保卫发挥重要作用为标志。突出航天奥运安保为奥运会安全召开、赛场安全保卫做出突出贡献；由中国航天科技集团公司研制并发射的风云三号气象卫星为奥运会期间的天气状况“观风测雨”；由中国航天科技集团公司云岗卫星地球站承担的奥运会电视信号的传输保证全球亿万观众清晰、稳定地收看到精彩的奥运赛事等。

分析

《中国航天报》由中国航天科工集团公司主办，该报的北京奥运会新闻策划与报纸的编辑方针相符，也较好地利用了报社的采访优势和报道资源，使读者可从中获知与报道主题有关的独家信息。

3. 报纸传统和以往相关报道情况

报纸的体育新闻报道策划还应参照报纸传统和以往的报道情况，发挥报纸的品牌优势。

[38] 赵屾.《中国航天报》推出新闻策划“奥运火•航天心”[N]. 中国新闻出版报,2008-4-9(3).

案例

图2-7 《新京报》2012-6-8 A特1版

分析

《新京报》自2004年推出欧洲杯特刊，“斗欧”已逐渐成为报纸的一个品牌，2012年6月8日继续推出“斗欧”特刊，每日8个版，是对前两季”斗欧”特刊报道的延续和品牌强化，报道采用专题化操作，摈弃海量的零碎新闻，对欧洲杯进行整合式报道和加工，避免与网络、与同城都市报内容的同质化，较好地突出了报纸的特色和优势。

4. 报纸版面和稿件情况

在进行日常的编辑策划时，需要首先了解当日报纸体育版广告有多少，留给体育版的版面还有多少。如果版面较大，则可以做一些较大型的报道策划。反之，则只能做一些常规性的报道策划。在进行报道策划时，必须考虑报纸版面的大小，并确保充分运用。例如，在进行奥运会、世界杯足球赛等大型赛事的报道策划时，需要考虑向报社领导申请增加每天报纸体育版的版面或开设专版和特刊。

案例链接

《北京青年报》2012伦敦奥运会《瞰奥》特刊版面运用[39]

《瞰奥》特刊8个版的设置有些“拮据”，报道组面临的是如何将奥运会庞大的内容，浓缩在有限的版面上，还要既要有深度，又要有广度，等等困难，在开赛之初，报道组经历了多次激烈的争论，在这样的争论中，不断调整版面布局，但是突出特色被坚持到最后。曾经的体育报道中占重头的过程描述、大量非重点比赛的结果，在此次本报的报道中被大幅度压缩，在“赛场聚焦”版上以比赛数据和简讯来体现，这一版要容纳别家媒体三四个版面要表达的内容，对编辑来说是精力和智慧的考验。此外，在编辑思路和手段上，这次对赛事的报道也有一些新意，考虑到时差的因素，编辑在策划和制作“赛场聚焦”版主打文章时，刻意用对比、归类等手法进行包装，使报道更有力度，版面也更加活跃。

[39] 左达文.奥运报道中纸媒如何突破电视镜头与网络的覆盖[J]. 新闻与写作. 2012, 9: 37-39.

（三）报社外部情况

1. 报社所在地的社会环境

新闻报道应为报社所在地有关法律政策、社会道德观念及文化环境所允许和接受。

新闻链接

美体育杂志拍泳装照引种族争议[40]

据外媒报道，近日，美国著名体育杂志《体育画报》刊出了主题为七大洲的泳装照。没想到由此引发了一场“种族歧视”和“殖民主义”的争议。

在这一组以七大洲民俗文化为主题的照片中，性感暴露的女模特站在当地居民身旁大秀身姿。非裔美国女作家多黛斯图华特通过博客批评《体育画报》重拾殖民主义的老套噱头，把当地人作为所谓“时尚”的陪衬来“突出”白人模特。

斯图华特就在中国桂林拍摄的照片发表意见说：“中国有数不清的摩天大楼，毫不逊色于纽约的现代城市，但这些照片还是因循旧时代的表现风格，企图表现任何非西方的东西都是古怪的，落后的，穷困的。”就有关纳米比亚的照片，这位作家这样描写：《体育画报》无视非洲文明摇篮的地位和这个大洲令人钦佩的多样性，而“利用所谓的奴隶表达对西方旧世界的痴迷。”

华盛顿州立大学人种学教授大卫莱昂纳德也指出，此类西方杂志常常把“秀丽风景中的有色人种当做尚未开化的道具，以衬托出白人美女的文明。图片中的当地人只被当做是外来的调剂品来取悦西方人”。

2. 竞争对手

报纸体育新闻报道必须在深度上和广度上下功夫，以更好地与电子媒体竞争，报纸的体育编辑在进行新闻报道策划时，应注意发挥报纸的特点，在挖掘新闻的背景与内幕上多下功夫，同时，注意研究报纸竞争对手的情况，以更好地挖掘本报的特点和优势。

案例链接

《体坛周报》在创刊初期，针对读者对国际体育新闻信息的需求，在竞争对手未太多涉足的“国际足球”上大做文章，1990年底，《体坛周报》推出全国第一个系统报道欧洲国足球联赛的栏目——“欧洲各国联赛速报”，1991年6月18日，推出欧洲足球总结专辑，确立了在国内报道欧洲足球联赛的权威地位，并在全国第一个做意大利世界杯足球赛特刊，成功地打入了《足球报》占据主流的体育报纸市场，赢得体育迷的青睐。

---

[40]　美体育杂志拍泳装照引种族争议[EB/OL]. http://photo.huanqiu.com/globalview/2013-02/2683446.html,2012-3-1.

二、新闻报道策划的原则

新闻报道策划应遵循以下六个原则：取信性原则、预见性原则、创新性原则、实效性原则、可行性原则和变通性原则。

（一）取信性原则

新闻报道策划必须以事实为依据，遵循新闻真实性的原则。

案例

《世界新闻报》记者曾假扮成阿联酋富豪与当时担任英格兰国家足球队主教练的埃里克森经纪人斯蒂尔取得联系，表示有意聘请埃里克森出任迪拜一家新成立俱乐部的主帅，埃里克森后来亲自前往迪拜进行谈判，《世界新闻报》记者将会谈的过程用了整整七个版面进行了详细报道，总标题为《斯文的肮脏交易》，报道将埃里克森刻画为一个惟利是图、背信弃义的伪君子，报道中还配发多幅大照片，选取的也是呈现埃里克松负面形象的镜头。

分析

《世界新闻报》是新闻集团旗下的一份英国小报，以揭露名人隐私和丑闻而广受关注，2011年7月因为窃听门事件已停刊。新闻报道的生命在于真实，新闻报道策划必须遵循新闻报道规律和取信性原则。

（二）预见性原则

体育新闻编辑应具有新闻敏感性，了解目标受众的信息需求，对所负责的报道领域较为熟悉和具有掌控力，能够预知可能发生的有影响的新闻事件，并全面、准确地对读者可能希望了解的与报道主题有关的信息进行预测。

案例链接

《申江服务导报》北京奥运会新闻报道准备[41]

在赴北京采访前，《申江服务导报》奥运报道小组进行了大量的资料收集分类工作，列明每个截稿日的关注点，著名运动员的行程表，甚至细化到每天每小时的比赛项目，在这个基础上排兵布阵就有的放矢了。

语录链接

“世界杯的编辑一定要是个铁杆球迷，很难想象不是球迷的编辑去做世界杯。什么样的比赛是巅峰对抗，什么样的比赛是鸡肋对决，编辑要做到心中有数。用最敏锐的眼光选出最有价值的新闻。”[42]

[41] 宣晶.周报的奥运新闻策划：贵在扬长避短[J].新闻记者，2008，9.

[42] 彭新华.浅谈世界杯报道的新闻策划[J].中国地市报人，2010，5（287）：75-76.

（三）创新性原则

避免新闻同质化，力求创新是新闻报道策划取胜的关键所在。由于体育新闻报道策划以可预见性和周期性的新闻策划为主，创新性显得尤为重要。新闻报道策划可在报道选题、报道角度、报道形式、报道理念等方面力求创新性。

1. 报道选题具有新意

案例

舌尖上的奥运会本周日开赛[43]

欢迎读者踊跃报名一试身手

本周日（8月12日上午8时30分），本报将在市区八一北街800号锦绣人家粗菜馆举办一场别具特色的“舌尖上的奥运会”活动，欢迎读者拨打电话83186566、83186066，踊跃报名，一试身手。每一位参赛运动员将获得由锦绣人家提供的价值50元的餐券。

“舌尖上的奥运会”比赛项目共六项，分别为：夹螺蛳：每名参赛者用筷子夹螺蛳，规定时间内夹到螺蛳最多者获胜。捉泥鳅：每名参赛者徒手捉泥鳅，规定时间内捉到泥鳅最多者获胜。运西瓜：每名参赛者抱两个大西瓜进行障碍跑，用时最短者获胜。剥毛豆：每名参赛者徒手剥毛豆，规定时间内剥出毛豆最多者获胜。喝啤酒：每名参赛者喝1瓶啤酒，用时最短者获胜。六项比赛项目成绩相加，取冠军1名，奖500元餐券；亚军2名，各奖300元餐券；季军3名，各奖100元餐券。还犹豫什么，报名啦！本周，让舌尖度过一个最high的周日。

分析

《金华日报》“舌尖上的奥运会”新闻策划活动，选题创意融合了奥运会的新闻热点与热播的央视纪录片《舌尖上的中国》，具有一定的新意，同时，选题能很好地结合地方日报的报道资源和受众需求，活动的设计和安排也较为有趣，能较好地吸引读者的注意和参与，同时体现了重在参与的奥运精神。总体而言，这是一个较好的地方报纸奥运报道选题。

2. 报道角度具有新意

同一事件，选取的报道角度不同，取得的传播效果也会不同。新颖独特的角度可以激发读者的阅读兴趣，增强新闻报道的效果。如《广州日报》欧洲杯报道用国际流行的“生命密码”对教练、运动员、比赛结果做预测或分析，报道角度具有新意，获得了较好的读者反响。

案例

《申江服务导报》北京奥运会新闻报道角度[44]

《申江服务导报》除了大打“阿拉牌”外，推出富有特色的《奥运时尚》专题，从“时尚大秀场”的角度，剖析了奥运的潮流一面。32个版的《奥运时尚》，分为《时尚定格奥运》、《奥运与时尚的佳话和传奇》、《近距离解读奥运装》、《奥运之彩如画卷般的脸

[43]　“舌尖上的奥运会”本周日开赛[N]．金华日报，2012-8-9（10）．

[44]　宣晶.周报的奥运新闻策划 ：贵在扬长避短[J]．新闻记者，2008,9.

庞》、《奥运时尚明星》、《时髦运动单品》等多个小专题。其中原创的《奥运之彩如画卷般的脸庞》，由报纸的编辑记者与化妆师一起设计描绘了两套独特的“奥运妆容”，富有创意的视觉效果结合奥运会热烈的气氛，非常有感染力。此外，《奥运时尚明星》版介绍了刘翔、田亮、郭晶晶、伏明霞、王楠等大家非常熟悉的运动明星，但视角转到他们的时尚生活和时尚眼光，从衣着打扮、生活方式入手，写出一张张“陌生的熟面孔”。

分析

《申江服务导报》是一份立足于上海的以生活服务为宗旨的周报，对于北京奥运会的报道，无论是在地缘还是体育报道人力方面都不具有优势，但该报的编辑扬长避短，通过灵活而富有创意的新闻报道策划，使该报的奥运报道既体现了报纸的编辑理念——“海派风格坐标系，时尚生活发布体，白领文化代言人”，也在报道角度上别具一格，富有新意，与其他媒体的北京奥运报道相区别，体现了自己的特点和优势，在同质化现象严重的奥运报道中闯出一条自己的独特之路。

3. 报道形式创新

由于体育新闻报道常常存在信息同源、信息共享的特点，媒体很难从新闻源方面挖掘出独家新闻，同质化竞争也日趋严重，要在新闻大战中脱颖而出，就必须拥有独特的风格和个性，而体现自身差异性的有效途径就是依靠新闻报道策划另辟蹊径，在报道形式方面进行创新，使读者在阅读报道时有“耳目一新”之感。

案例

现代快报
A11版
前菜：三文鱼沙拉
106:104
圣诞餐
香喷喷
常规赛昨开战，球迷享受NBA盛宴
正餐：火鸡
105:94
甜点：
巧克力蛋糕
105:86
美酒：白葡萄酒
87:88

图2-8 《现代快报》2011-12-27 A11版

分析

《圣诞餐香喷喷》对12月26日举行的NBA常规赛的比赛情况进行了报道，报道别出心裁地以圣诞大餐的形式来呈现新闻内容，分别以前菜、正餐、美酒、甜品等对昨天的NBA比赛情况和球星表现进行了报道，不同于常规的NBA比赛报道模式，令人耳目一新。

4. 报道观念突破常规

新闻报道策划的创新还反映在报道观念先进，能够突破传统文化的束缚。如2012年情人节报道，媒体在进行体坛情侣盘点时，不仅报道了体坛中的异性恋情侣，也将巴西女排谢拉和玛丽安妮这对同性恋情侣一块进行了报道，在报道观念上突破了常规。

（四）实效性原则

新闻媒体所担负的社会职能，要求体育新闻策划必须遵循实效性原则，在强调经济效益的同时，必须以确保社会效益为前提，如避免渲染暴力、色情和强化刻板成见等。

案例

图2-9 《*报》2010-6-11 T01版

图2-10 《*报》2010-6-11 T16版

分析

图2-9、10为某报的南非世界杯特刊，报纸采用了整体化设计理念，推出的以非洲原始部落战争为背景的体育特刊。版面的设计具有新意，具有较好的视觉效果，有视觉冲击力，能够吸引读者的眼球，但从社会效果的角度出发，版面有强化非洲民众是不文明、未开化族群的刻板成见的嫌疑。

（五）可行性原则

报纸的体育新闻报道策划必须立足于报社本身情况和当地受众的信息需求，遵循可行性原则，以确保策划的顺利实施。

案例

《金华日报》2012年7月17日，推出《说出你的奥运故事》系列报道，进一步宣传奥运、传播五环精神，拉近奥运会与老百姓之间的距离。报道以一位热爱体育、即将参与北京电视台伦敦奥运会后方制作报道的金华姑娘的视角，展现普通人的奥运情怀，本地人说自己和奥运会的故事。

分析

《金华日报》的伦敦奥运报道策划与报纸的定位和目标受众需求相符，同时较好地利用了报纸可能有的报道资源，较好地体现了可行性原则。

（六）变通性原则

由于新闻发生的突发性，常会发生一些意料之外的状况，体育新闻编辑在进行策划时，应做好预备方案，随时掌握情况的变化和各方信息的反馈，并据此及时调整和修正报道方案，以取得最佳报道效果。

案例链接

《申江服务导报》奥运报道策划战术调整[45]

新闻策划存在不确定性，采访写作过程需根据实际情况，要时时调整方案选择最优。《申江服务导报》每一周的北京奥运报道策划中，往往会有“第一备选选题”、“第二备选选题”，但“正选”选题是不确定的。8月19日出版的《申》报封面，就经过“细数中国日”、“新奥运新偶像”、“中国男篮三大支柱”等几个选题的筛选，最终才确定由突发新闻“刘翔退赛”和当周最大看点“姚之队冲四”相结合，既突出时效，又提供了深度的报道。《申江服务导报》的别册《奥·媚》原定于2008年5月20日出版，那时恰逢奥运火炬传递到上海，时间节点把握非常准确。但正当《奥·媚》进入出版的最后关头，突然发生汶川大地震，在这样的氛围下，推出《奥·媚》显然失当。报社领导及时调整出版时间，充分利用周报时间上的弹性和空间，将印好的《申》报后几叠内容及《奥·媚》别册推迟至5月22日二次上摊，A叠抗震救灾报道迅速调整为“《申》报抗震救灾特刊”准时上摊，发行收入捐赠灾区，这些调整都要求新闻编辑要具有良好的变通、整体反应和配合能力。《申江服务导报》北京奥运报道小组在最初曾策划过一个“相聚”的选题，计划采访各国运动员北京聚会的故事，但记者到了北京，发现运动员在比赛结束之前，根本就不会有这样的私下聚会。于是放弃了这一选题。2008年8月18日上午，刘翔亮相鸟巢，报纸推迟了当周的截稿时间，计划抓最新消息，不料，刘翔因伤退赛，报纸编辑立刻行动，调整版面，及时报道，满足受众信息需求。

[45] 宣晶. 周报的奥运新闻策划：贵在扬长避短[J]. 新闻记者，2008，9.

三、体育新闻报道策划的主要类型

（一）根据报道对象发生状态，新闻策划分为可预见性报道策划和非可预见性报道策划

1. 可预见性的新闻报道策划

是指报道者对能够提前获知的事件性新闻和非事件性新闻的报道策划。如大型赛事等重大事件，其日程、地点、参加人员、场地等是提前安排好，事件的发生是报道者可预知的。可预见性的新闻报道策划在体育新闻报道中占据主要位置。

2. 非可预见性的新闻报道策划

是指报道者对无法预见的突发事件的报道策划，通常是在事件发生之后立即策划报道活动。如报纸对"刀锋战士皮斯托瑞斯涉嫌在2013年情人节枪杀女友"这一新闻事件的报道策划。

（二）根据报道策划的运行时态，新闻策划分为周期性报道策划和非周期性报道策划

1. 周期性报道策划

是指策划时间具有周期性特点的报道策划。由于大型赛事的举行通常具有周期性特点，周期性报道策划在体育新闻报道中占据重要位置。奥运会是读者最为关注的重大国际性赛事，每四年举办一届，围绕奥运会所做的新闻报道策划是最为重要的周期性新闻报道策划。

新闻链接

本报记者启程赴伦敦

《大河报》奥运特刊近日推出[46]

本报讯　昨天晚上，《大河报》伦敦奥运会特派记者马涛前往北京，今天将飞赴伦敦，踏上为期近20天的伦敦奥运会采访征程。本次出征伦敦奥运会，也是本报继悉尼、雅典、北京之后第四次特派记者赴奥运会举办地进行采访。

作为河南省最大的都市报媒体，从1998年曼谷亚运会开始，《大河报》就一直致力于对世界大赛的现场报道——1998年曼谷亚运会、2000年黎巴嫩亚洲杯、2000年悉尼奥运会、2002年韩日世界杯、2004年雅典奥运会、2006年德国世界杯、2006年多哈亚运会、2008年北京奥运会雅典圣火采集、2008年北京奥运会、2010年南非世界杯、2010年广州亚运会。重大的国际体育赛事上，都有大河报人的身影。

伦敦奥运会于当地时间7月27日至8月12日举行，在此期间，全球将有超过两万名记者拥入伦敦。本报记者将通过独特的视角，为读者们发回最特别的奥运新闻。同时，本报近日将推出奥运特刊，从奥运竞技、明星故事、体育文化，到英伦风情，为读者带来全方位的奥运阅读新感受。

---

[46]　任磊.《大河报》奥运特刊近日推出[N]. 大河报,2012-7-23（A20）.

2. 非周期性报道策划

是指策划时间不具有周期性特点的报道策划。如选题为某体育明星退役的新闻报道策划属于非周期性报道策划。

案例链接

姚明退役心声：还不敢接受伟

图2-11 《东方早报》2011-7-21 A04版

大中锋的评价 尽管十分渴望

图2-12《东方早报》2011-7-21 A05版

分析

《东方早报》在姚明正式宣布退役的第二天，就推出了合计12个版的专题报道，并且采用了通版的版面编排方式，从不同角度对上海籍运动员姚明退役事件进行了充分报道，体现了此份立足于上海的政经时事报纸对姚明退役事件的重视和精心策划。

（三）根据报道策划主体参与报道的方式，新闻策划分为独立型策划和非独立型策划

1.独立型报道策划

是指报道策划主体仅单纯对新闻报道活动进行策划，并不介入报道客体中的报道策划。独立型报道策划较为常见。

2. 非独立型报道策划

是指报道策划主体不仅参与新闻报道策划，同时，身兼“报道者”与“当事人”双重角色的报道策划。报道者参与到正在发生或未发生的新闻事件中，往往是新闻事件的“制造者”和“推动者”，非独立型的报道策划必须以社会公共利益为出发点，并严格遵守新闻传播规律。好的非独立型报道策划能够提升报纸社会影响力。

案例链接

环法自行车赛1903年起源于两家报社--《机动车报》（l’Auto 法国《队报》的前身）和《自行车报》（le vélo）的竞争。当时《机动车报》的编辑亨利·德斯格朗吉（henri desgrange）决定要组织一项“世界上最重要的自行车比赛！”于是在1903年的7月1日第一届环法自行车赛诞生了。[47]环法自行车赛的成功使报纸名利双收。

（四）根据报道对象的时效性，新闻报道策划分为事件性报道策划和非事件性报道策划

1. 事件性报道策划

以某个新近发生的新闻事件为核心而展开的新闻策划。

2. 非事件性报道策划

以受众关注和具有社会意义的非新近发生事件为核心而展开的新闻策划。与事件性新闻选题相比，非事件性新闻选题更挑战编辑的新闻发现和策划能力，编辑要善于发现具有社会意义的非事件性报道对象，并选择合适的切入角度和新闻由头，也可以采取“记者亲历”等采访形式，使“非事件性报道”变为“事件性报道”，突出报道的故事性，深入剖析报道对象。图2-13中的新闻版面对“体育课该怎么上”这一受到社会关注的问题进行报道和探讨，属于非事件性新闻报道。

案例链接

调查 4 竞报

体育课到底该怎么上？

图2-13 《竞报》2013-2-21 4版

[47] 环法自行车赛[EB]. http://www.bike.com.cn/archive/aid-3649.html，2013-3-21.

（五）根据报道对象的性质，新闻报道策划分为赛事报道策划和非赛事报道策划

1. 赛事报道策划

赛事是以提供体育竞赛为核心产品及相关服务的一种特殊活动。[48]赛事报道策划是体育报道策划的重要内容。

（1）赛事报道的定义

主要指围绕体育赛事展开的新闻报道，包括了赛前报道、赛间报道和赛后报道，赛间报道主要指比赛过程中，媒体对赛事的报道，目前能够进行赛间报道的媒体主要是广播、电视、网络等电子媒体，赛间报道，尤其是赛事直播，已经成为现代传媒体育报道的主要手段和形式。报纸的赛事报道主要有赛前报道和赛后报道：

①赛前报道：在重要赛事举行之前，媒体围绕比赛有关情况所进行的报道，由于公众对重大赛事、体育博彩等的关注，报纸体育新闻对赛前报道越来越重视。受众关注的赛前讯息信息包括参赛各方的情况、运动员特别是体育明星的状况、场地和气候等可能对比赛产生影响的因素、比赛结果预测等。

案例

16 运动会

不懂 必须装懂！

伪球迷速成指南

2012欧洲杯完全赛程

UEFA EURO

英格兰热身又损兵

最新伤号是特里和卡希尔

速成宝典

初级指南

晋升指南

伪球迷聊天切记

小风一刮 刘翔平世界纪录！

图2-14 《华西都市报》2012-6-4 16版

分析

《不懂必须装懂！——伪球迷速成指南》属于典型的赛前报道。版面以生动有趣的报道内容和报道形式，引发读者对赛事的兴趣，为读者提供欣赏和理解赛事需要的背景性信息。

[48] 易剑东. 大型赛事报道与媒体运行[M]. 杭州：浙江大学出版社，2008：9。

②赛后报道：主要指比赛结束后，媒体对赛事结果、过程、比赛中发生的各种情况以及赛后的反应等情况的报道，是报纸体育新闻报道的重点。其要求是及时、准确、完整地对比赛情况进行报道。由于电视、广播、网络等媒体在报道时效性和报道手段等方面具有优势，报纸赛后报道以消息报道为主的做法应开始改变，要更强调报道的深度、广度、精度和专业性，更多地采用深度报道、评论等报道形式。

（2）赛事稿件的主要报道形式

①赛前转播预告或预测性报道。

②比赛过程、赛事结果报道。

③运动员、球迷等的表现。

④人物特写。

⑤奖项颁发报道、场内外花絮。如图2-15为场内花絮报道。

案例链接

文体新闻

A27

打了三回合比赛两次差点群殴

双方主教练均要求队员冷静

“这是打篮球不是在打架”

图2-15《现代金报》2013-3-6 A27版

⑥赛后评论。

⑦体育科技新知识。

⑧球队、相关体育协会动态。

⑨其它赛事相关活动的报道。

（3）赛事报道的侧重点

①同我国或所在地区成绩相关的稿件。

②金牌名次的角逐。

③新闻焦点人物。

④异常性情况 。

案例

体育 综合 A29

70比68！665分钟！

伊斯内尔战胜马胡，超级拉锯战破七项纪录

郑洁连续两年无缘32强

图2-16《南方都市报》2010-6-25 A19版

分析

《70比68！665分钟！》对伊斯内尔和马胡2010温网首轮大战战况进行了报道，该比赛打破了网球史上比赛中的比赛耗时、比赛局数、ACE数量等7项纪录，具有异常性，报道的区序、标题、图片配置等都说明了编辑对报道的重视。有反常性质的事件能引起公众的好奇和关注。

2. 非赛事报道策划

除了赛事以外，非赛事报道也是报纸进行新闻策划的重要对象，非赛事报道策划的类型包括群众体育话题报道策划、体育人物报道策划、体育事务报道策划、体育财经报道策划、体育司法报道策划、体育社会报道策划和体育娱乐报道策划。

（1）群众体育话题报道策划

围绕群众体育话题而进行的新闻策划。群众体育是以社会全体成员为对象、以增强体质、丰富余暇生活、调节社会情感为目的的、形式多样的体育活动。主要内容包括：学校体育、职工体育、农村体育、军队体育、民族传统体育、老年人体育、伤残人体育和其它体育。[49]图2-17为群众体育话题报道专题——《足球的根基还是在校园》。

[49] 国家体委群体司.群众体育工作指南[M].北京：学苑出版社，1990.

案例链接

本报记者对话中国足协副主席薛立

足球的根基还是在校园

图2-17 《球迷》2012-12-8 6版

（2）体育人物报道策划

围绕体育界典型人物而进行的新闻策划。报纸的体育人物报道策划以体育明星和热点人物的报道为主。图2-18为体育人物报道专题——《巴神时代》。

案例链接

巴神时代

TIME

The Meaning of Mario

善良至傻

图2-18 《足球》2013-4-8 22版

（3）体育事务报道策划

围绕体育事务而进行的新闻策划。体育事务包括国家体育政策制定、重要的体育会议、重要体育机构领导的人事变动、赛事主办地的归属、体育赛事的规则制定和国际体育交流等方面。图2-19为体育事务报道专题——《众望所归“郎”归来》。

案例链接

体育新闻

A28版

女排主帅竞聘，郎平、蔡斌、赖杰、刘长城“四选一”
郎平获超90%网友支持，新华社称其“最佳人选”

众望所归“郎”归来

队友陈招娣离世
触动她出山竞聘

图2-19 《扬子晚报》2013-4-16 A28版

（4）体育财经报道策划

围绕体育财经而进行的新闻策划。体育财经报道包括政府的体育经费拨款情况和使用情况、俱乐部财务运作和经营、球员转会市场、体育赞助、体育彩票等方面的报道。图2-20为体育财经报道专题——《学高球，一年最少10万》。

案例链接

体育·星闻

关天朗走红将掀起高尔夫热潮？

学高球，一年最少10万

创历史 14岁小孩完成+12杆

小神童
十年球龄书写传奇

预测 关天朗将掀起中国高尔夫球风暴？

算笔账 在国内学习高尔夫一年最少10万

图2-20 《扬子晚报》2013-4-16 A29版

（5）体育司法报道策划

围绕各类体育司法诉讼而进行的新闻策划。图2-21为《新京报》配发的“刀锋战士”涉嫌枪杀女友新闻“攻占”纸媒头版的新闻图片。

案例链接

图2-21 “刀锋战士”涉嫌枪杀女友的新闻“攻占”纸媒头版[50]

（6）体育社会报道策划

围绕各类体育社会事件而进行新闻策划。由于体育明星所具有的显著性，与体育明星有关的社会新闻尤其受到公众的关注，这是该类策划的主要报道对象。图2-22为体育社会报道专题——《三名乒球小将移民新加坡》。

案例链接

体育新闻

扬子晚报 A20版

三名乒球小将移民新加坡

竞争压力大出头难有望，二线球员“寻出路”加盟别国

文化差异小公民福利好，新加坡成“乒乓移民”好去处

图2-22 《扬子晚报》2013-5-9 A20版

[50] 范遥.“刀锋战士”获庭外保释[N]. 新京报，2013-2-23（A21）.

（7）体育娱乐报道策划

围绕体育娱乐事件或话题而进行的新闻策划。报纸编辑应注意避免新闻炒作、强化刻板成见、报道庸俗化和色情化等问题。图2-23为体育娱乐报道专题——《贝嫂撞衫张国立》。

案例链接

ENTERTAINMENT
明星·娱乐
贝嫂撞衫张国立
维多利亚的时尚蜕变

图2-23 《东方体育日报》2013-10-10 12版

第二节　体育新闻报道策划的具体操作

本节要点

体育新闻报道策划的运行方式

体育新闻报道策划的流程

一、体育新闻报道策划的运行方式

（一）根据策划参与人员的情况，体育新闻报道策划运行方式可以分为以下三种：

1. 编辑部内部策划：报纸体育新闻报道策划最主要的运行方式。

2. 邀请专家学者等参与新闻策划。

3. 邀请报纸特约作者、读者代表等参与新闻策划。

（二）根据新闻报道策划对象的重要性，体育新闻报道策划运行方式可以分为日常新闻报道策划和重大选题策划。

1. 日常新闻报道策划

由于新闻报道竞争的需要，每期报纸都需要进行日常新闻报道策划。策划会的主要流程如下：

（1）参与策划会的人员（通常为体育部门的相关记者、编辑）在会前研究最新报道热点，准备新闻策划选题。

（2）策划会开始后，由会议主持人或有关领导通报情况，内容包括上级部门下达的宣传方针以及前期报纸报道反馈等。

（3）情况通报结束后，与会人员分别提出选题，并从策划选题的消息来源、新闻价值、报道意义、采写方法等方面阐述选题的具体情况。

（4）与会人员进行选题讨论，也可考虑特邀专家、读者参与讨论。

（5）形成本期报纸专题报道选题的初步意向，由总编或分管编委、责编定题，列出采写要点，当场将选题落实到人（特别重要专题再另行安排时间商议）。

案例链接

一份英国全国性报纸典型的单日报道计划[51]

足球：（英格兰足总杯第4轮比赛）北安普顿队对阵曼彻斯特联队（吉姆·史密斯——800字[52]），曼彻斯特城市队对阵特纳姆热刺队（凯特·史密斯——650字），诺丁汉森林队对阵谢菲尔联队（威尔·班尼特——550字，5：30比赛，晚到的稿件），埃弗顿队对阵富勒姆队（路易斯·布朗——650字），伍尔弗汉普顿流浪队对阵西汉姆联队（马丁·汤普森，600字）。

星期六比赛的后续报道（先期的稿件）：（英格兰足总杯）阿森纳队对阵米德尔斯堡队（吉姆·史密斯——600字），伯明翰城市队对阵温布尔登队（凯特·史密斯——500字），伯恩利队对阵吉林汉姆队（自由记者——450字），考文垂城市队对阵科尔切斯特联队（自由记者——450字），伊普斯维奇城队对阵桑德兰队（马丁·汤普森——450字），利物浦队对阵纽卡斯尔联队（威尔·班尼特——550字），卢顿城队对阵特兰米尔流浪队（自由记者——450字），朴茨茅斯队对阵斯坎索普队（自由记者——450字），斯卡布罗队对阵切尔西队（路易斯·布朗——600字），斯旺西城市队对阵普雷斯顿队（自由记者——450字）。

全国联赛第1赛区：布拉德福德城市队对阵水晶宫队（自由记者——450字）。

非洲国家杯足球赛：刚果队对阵圭亚那队（詹姆斯·怀特在突尼斯报道——400字——晚到的稿件）。

---

[51]　[英]菲尔•安德鲁斯著，周黎明译. 体育新闻从入门到精通[M]. 北京：中国人民大学出版社，2010：29-31.

[52]　指原文的字词数。

全国联赛第2和第3赛区，苏格兰女子足球集结赛：（吉尔·格林——每篇300字）。

15人橄榄球：（海尼根杯15人橄榄球赛）利兹队对阵图卢兹队（自由记者——600字），赛尔队对阵比亚里茨队（自由记者——600字），黄蜂队对阵卡尔维诺队（西蒙·查尔斯沃斯——750字）；（派克钢笔挑战杯）蒙福尔队对阵撒拉逊队（迈克·瓦特——700字）；（全国联赛）布里斯托尔队对阵考文垂队（戴菲德·琼斯——500字）。

星期六比赛的后续报道：格温特队对阵莱斯特队（戴菲德·琼斯——500字），法兰西队对阵阿尔斯特队（迈克·瓦特——500字），哈里昆斯队对阵布利维队（自由记者——400字）。

网球：（澳大利亚网球公开赛）蒂姆·亨曼（Tim Henman），雷登·休伊特（Leyton Hewitt）和贾斯汀·海宁-哈登（Justine Hemin-Hardenne）尽数参赛（马里恩·约翰孙在墨尔本报道——750字——早到的稿件）。

斯诺克台球：（威尔士斯诺克台球公开赛决赛）史蒂夫·戴维斯（Steve Davis）对阵罗尼·奥沙利文（Ronnie O’Sullivan）——（安格斯·马凯在加的夫报道——400字——非常晚的稿件，结果只能赶在最终定版，甚至会拖延到星期二）。

13人橄榄球：（友谊赛）布拉德福德公牛队对阵卡斯特福德队（埃里克·诺斯——350字）。

高尔夫球：（登喜路高尔夫球锦标赛，南非——戴维·莱利——750字）。

汽车拉力赛：（蒙特卡洛汽车拉力赛——自由记者——450字）。

拳击：（英联邦拳击重量级冠军赛）戴尼·威廉姆斯（Danny Williams）（冠军称号保持者）对阵迈克尔·斯普洛特（Michael Sprott）（约翰·皮尔在温布利会议中心报道——750字——晚到的稿件）。

赛马：（利奥柏斯城赛马会——桑迪·斯考特——600字）。

板球：（阿德莱德三队板球系列赛）澳大利亚队对阵印度队（自由记者——250字）。

摄影记者：卡罗琳·哈维在北安普敦；托尼·密里根在伦敦黄蜂队；通讯社提供澳大利亚网球公开赛、利奥柏斯城汽车拉力赛、英联邦拳击赛和登喜路高尔夫球赛的照片。

特色报道：首席体育新闻撰稿人在北安普敦队与曼联队比赛现场报道[可能以弱胜强，还要密切关注亚历克斯·弗格森爵士（Sir Alex Ferguson）[53]与股东争端的事态发展]。

特稿：美式橄榄球：美国橄榄球超级杯赛预告报道——1500字——比尔·费希尔在休斯敦报道——已到的稿件；网球：澳大利亚网球公开赛半决赛网球选手安德烈·阿加西（Andre Agassi）的人物专题——马里恩·约翰逊在墨尔本报道——750字。

专栏作家：休·琼斯——女性的视角；克里斯·科尔曼——电视体育。

新闻预估：

足球：弗格森与爱尔兰股东争端可能的事态发展。

板球：英格兰队是否应该在津巴布韦进行巡回赛的最新辩论。

网球：格雷戈·鲁塞德斯基（Greg Rusedski）[54]药物检测听证会日期确定。

---

[53] 亚历克斯•弗格森爵士（Sir Alex Ferguson, 1941-），足球经理人，生于苏格兰格拉斯哥。1986年执教曼彻斯特联队，率领该队赢得多项足球赛事冠军，成为英国最成功的教练员之一。1999年封爵。

[54] 格雷戈•鲁塞德斯基（Greg Rusedski，1973-），加拿大一英国网球选手，出生于加拿大蒙特利尔。1993年成为职业网球运动员。以大力发球闻名网坛，外号“大力水手”。2007年退役。原著提到的事件是2004年初第一次药检呈阳性。

拳击：宣布伦诺克斯·刘易斯（Lennox Lewis）[55]的下一个对手。

需要安排的事务：斯卡布罗队与北安普敦队比赛的媒体许可证；卡罗林·哈维在北安普敦的摄影记者证；为路易斯·布朗订购多次往返斯卡布罗的火车票以及给他留出往返时间；为在突尼斯进行报道的詹姆斯·怀特安排电话线；从通讯社订购澳大利亚板球赛的报道。

2. 重大选题策划

奥运会、世界杯足球赛等大型赛事报道和其他具有重大报道价值的体育新闻，需要召开专门策划会，重大选题策划要以请示报告和策划方案的形式上报，经有关领导批准后实施。夏季奥运会是受到中国读者极大关注的重要赛事，中国报纸很早就将相关新闻报道策划提上了媒体日程，以确保本报的奥运报道能收到较好的报道效果，赢得受众和市场的认可和接纳。表2-3是《新京报》2012伦敦奥运报道的具体规划。

案例链接

表2-4　《新京报》2012伦敦奥运报道规划[56]

日期	报道规划
4月－7月28日	三个专题： 《奥运新青年》（持续至奥运前，每周一期）：集中报道本届奥运会的希望之星：有望夺金、个性、明星气质的运动员。 《奥运探班记》（3月起，每周一期，每期一版）：将对中国代表团26个训练营的备战情况，训练环境、进度，队员状态，团队生活等进行直击报道。 《奥运中心主任访谈》（持续13期）：采访各参赛项目的中心主任，获取最官方权威、最优说服力的中国奥运代表团信息。
7月20日	奥运观赛特刊（20–24版，独立成叠随主报发行）：伦敦奥运地理、奥运项目赛程表、中国军团检阅、夺金点分析、名人看奥运、读者互动活动。
7月28日–8月12日	新奥特刊（暂定，每日24版独立成叠随主报发行）：全方位报道奥运赛事、奥运赛事回顾及重点解读、战报、奖牌榜、精彩瞬间、奥运之星、奥运故事。

二、体育新闻报道策划的流程

体育新闻报道策划的流程为确定新闻报道策划选题→设计具体报道方案→实施策划→根据报道实施过程中的反馈，修正报道方案：

（一）确定新闻报道策划选题

确定新闻报道策划选题是新闻策划工作成败的关键所在，体育新闻报道策划的选题包括

[55] 伦诺克斯•刘易斯（Lennox Lewis，1965-），英国一加拿大职业拳击运动员，生于英国伦敦。曾在14年的职业拳击生涯中，打遍同时代所有对手，取得41胜1平2负的骄人战绩。值得一提的是，刘易斯分别在1999年和2002年击败过伊万德•霍利菲尔德（Evander Holyfield）和迈克•泰森（Mike Tyson）两位劲敌。2003年退役。

[56] 2012伦敦奥运会新京报全媒体合作方案[EB]. http://wenku.baidu.com/view/395feeea0975f46527d3e1d4.html,2013-4-2.

有重大社会影响的事件性或非事件性体育新闻以及媒体自己设立的重要问题性、活动性体育事件。由于报纸与网络等媒体类型相比，时效性较弱，体育新闻报道策划的选题应考虑对报道主题进行全面、深入地挖掘。

体育新闻编辑可考虑从读者热线、网络热点、其他媒体已发表的报道、个人关系网（独家选题的主要来源）和重大赛事、活动、节日、纪念日等方面确定新闻报道策划的选题。如赛事报道策划，报纸体育编辑应和记者一道对赛程表进行仔细研究和讨论。

（二）设计报道具体方案

1. 新闻策划方案的主要内容

报道具体方案的设计是新闻报道策划的核心阶段。报道具体方案设计的主要内容包括报道规模、报道范围、报道重点、报道进程、报道形式、具体发稿计划和报道力量配置等七个方面。

（1）报道规模

报纸体育编辑应根据选题的报道价值，结合本报情况等因素，确定选题的具体报道规模，对报道预计持续的时间、版面投入等情况进行设计。

（2）报道范围

报道范围的确定是实施新闻采访的基本前提，报道具体方案要对报道预计涉及的报道面以及报道对象等情况进行设计。

（3）报道重点

报纸体育编辑应根据本报编辑方针、报道条件等方面情况，确定报道重点，对报道将要采访、报道的核心人物、事件和问题等情况进行设计。都市类报纸的体育报道重点应体现本地读者的信息需求，一般聚焦于本地读者较为关注的人和事。大型赛事应根据赛事的不同进程安排不同的报道重点。

案例链接

2010年广州亚运会新闻策划[57]

亚运会前期报道（09年12月1日—2010年11月11日）

1. 亚运会场馆及亚运村建设（09年12月1日—2010年2月13日）

亚运会场馆建设人员休假返乡问题及建设进度的报道；亚运村建设人员休假返乡问题及建设进度的报道。

2. 亚运会交通方面（2010年1月—2010年10月）

备受关注的中山大道快速公交（BRT）试验线将于春节前开通，此试验线开通对于亚运会期间人员出行的影响方面的报道；广州交通路线的改变；交通设施的更新；地铁的路线新开通；亚运会专线的设立等方面的报道。

---

[57] 10年广州亚运会新闻策划[EB]. http://blog.sina.com.cn/s/blog_5abc71950100g3fm.html，2013-4-5.

3. 亚运会文艺活动（2010年3月—2010年6月）

庆祝亚运会的文艺活动报道及选拔情况；开闭幕式设计进展情况。

4. 亚运会售票（2010年1月—2010年6月）

亚运会售票情况报道；亚运会购票情况报道。

5. 旅游情况（2010年3月—2010年10月）

著名景点及新景点建设和介绍；同比游客的增加情况（是否会造成旅游景点、宾馆及交通等的拥堵）；旅游信息服务类报道（酒店、民航、景点的服务类信息）；广州周边旅游热的报道。

6. 商业情况（2010年1月—2010年11月）

亚运会纪念品的设计与销售情况的报道；广州房价的变动及亚运村附近楼盘的销售情况；广州美食的报道介绍；亚运会前夕，广州消费情况的变化。

7. 广州市政府政策（2010年）

广州市卫生治理情况报道；广州市治安治理情况报道；广州市文化建设情况报道；为迎接亚运会的新政策的报道。

8. 广州市居民

广州市市民对亚运会的期待与祝福；农民工潮对亚运会的影响；普通市民为迎亚运会做的事及改变；市民文娱方面的变化。

9. 志愿者

亚运会志愿者选拔情况；亚运会志愿者构成情况（本地与外地，国内与国外方面）；亚运会志愿者受训情况；广州高校志愿者的情况（与学业的冲突及学校的态度等）。

10. 工作人员

保安队工作人员；开闭幕式设计和创意小组。

11. 开闭幕式方案

对开幕式演出的提前报道（导演、创意团队、明星嘉宾、布景、场地、前后期准备、参与表演群众以及本届亚运会开幕式与之前各届的创新点等）

12. 亚运会本身

亚运会期间天气的预测报道；各运动员备战情况；名运动员的专访（如郭晶晶、刘翔等）；专家、教练访谈和预测；火炬传递系类报道；亚运会服饰及食宿方面的提前报道。

13. 国际上反响

国际上对亚运会整体反响；国际上志愿者报名情况；亚洲各国知名选手参赛情况；各国亚运会观众报名情况。

亚运会期间报道（2010年11月12日—11月27日）

1. 开幕式报道

在开幕前的一周左右时间内，开始投放到我媒体当中，展开开、闭幕式的专题栏目：开幕式整体情况的报道（挑亮点进行报道）；开幕式观众的反响及当地市民的反响；开幕式当天，广州各地商业、经济、工作及教学等方面的影响；开闭幕式导演及创意团队的报道（导演及部分为广大受众周知的人，如当年明月及黑马等的专访）；

2. 赛事报道

2010年将是一个体育赛事年，国际性的大型比赛有世乒赛、汤尤杯、男篮世锦赛、女排世锦赛，温哥华冬奥会、广州亚运会。使得各赛事有了相互比较的可能。

广州亚运会比赛项目有：田径、游泳、跳水、花样游泳、水球、射箭、羽毛球、棒球、篮球、拳击、皮划艇、自行车、马术、击剑、足球、竞技体操、艺术体操、蹦床、手球、曲棍球、柔道、现代五项、赛艇、帆船、围棋、射击、垒球、乒乓球、跆拳道、网球、铁人三项、排球、举重、摔跤、保龄球、台球、板球、体育舞蹈、壁球、武术、藤球、橄榄球、轮滑、空手道、卡巴迪、高尔夫球、龙舟。相比与之前的亚运会，新增了围棋、武术和龙舟这三项中国传统项目。

A. 各常规比赛基本情况的报道；

B. 赛事报道热点：本次亚运新增比赛项目：板球、体育舞蹈、龙舟、轮滑、围棋5个比赛项目；亚洲特色体育项目；竞争最为激烈，金牌最有悬念的项目，比如围棋；中国观众极度关心的项目：如改革一年后的足球表现、篮球、女子排球；中国传统强项：乒乓、羽毛、跳水、体操等；与体育明星相关的赛事：篮球（姚明）、田径赛（刘翔）等；赛场花絮报道；惊险、刺激、漂亮、健美的运动图片报道；“冷门”、“黑马”报道。

3. 专题报道

金牌运动员访谈（挖掘夺冠背后的故事，及备战伦敦奥运会的情况）；教练员访谈；名运动员专访（如刘翔、郭晶晶等）；；亚运会期间食宿方面的报道（抓住机会，营销广州或中国美食）；亚运会广告问题（广告投入及广告牌等方面）。

4. 工作服务人员报道

志愿者团队的报道（如寻找亚运会最美丽志愿者等）；安保团队的报道；媒体工作人员的报道；后勤人员的报道（后勤）；其它人员的报道（寻找最普通最易被人遗忘，但却默默付出的人）。

5. 游客及观众报道

现场观众满意度的调查报道及亚运会之后安排的报道；粤游客对亚运会的认知程度的报道及对广州各方面的满意度；社会各阶层人民对亚运会关注程度及祝福的报道；

亚运会之后的报道（2010年11月28日—12月末）

1. 亚运会场馆及亚运村

亚运会后场馆的再利用（与不久之后的第十届残疾人亚运会关联）；亚运村的再利用（改建为商品房的情况）。

2. 广州各方面

经济方面的报道；市民文化素质的改变；硬件设施方面（硬件的使用及维护）；广州文化的传播情况。

3. 满意度调查（民众、观众、参赛人员及媒体等对亚运会的满意度）

4. 亚运会经济的报道

亚运会带来的广州经济上的促进；亚运会后旅游情况；广州招商引资情况；广州房价及股市情况。

5. 亚运会总结

亚运会主办相关领导的整体评价和总结；各方面的得失总结。

（4）报道进程

报道进程是指报纸编辑对报道全过程中时段的分割和安排。报纸编辑在设计报道规模较大、持续时间较长的新闻报道策划方案时，要对报道进程有较为清晰的划分和设计。如奥运会、亚运会等大型赛事的新闻报道策划应按体育赛事的规律和节奏来安排报道，一般可按照开幕前、比赛期间、赛事闭幕后三大阶段安排报道进程。

案例链接

《南方日报》广州亚运会不同报道进程情况[58]

《南方日报》“前亚运”时期发行924版，亚运会专刊有54个，占所有版面的5.8%。“亚运”时期共发行880版，亚运会专刊有140个，占所有版面的15.9%。“后亚运”时期共发行116版，亚运会专刊有3个，占所有版面的2.6%。

“前亚运”时期报道的内容主要集中于亚运火炬传递、开幕式猜想及开幕式演练、交通指南、领导对亚运场馆和亚运开幕前各项准备工作的视察活动、亚运村报道、场馆建设、安全工作检查和对开幕前举行的足球比赛的报道等。其中系列专栏《亚运，你好》的内容主要是关于亚运给广东和广州带来变化的报道，如《亚运助推珠三角路网提速》、《办亚运带动城市大升级》、《20 年跨越世界认识新广州》等。

亚运会开幕后的报道内容主要集中于对比赛情况的报道，亚运会结束前的几天，随着比赛项目的减少，开始有专门报道国外选手赛况的版面，由赛场内转向赛场外，对亚运进行总结和思考，如《养狼者说》是介绍中国教练在亚洲各国指教，带队参加亚运，为提升亚洲各国运动水平作出了贡献，表现体育能超越国界的魅力，共同为建设和谐亚洲而努力，开始总结亚运会在政治、经济、文化层面对广州，甚至中国带来的影响和意义，对志愿者和后勤保障人员辛勤劳动表示感谢，对中国军团的和广东军团在此次亚运中表现进行总结。

“后亚运”时期的报道主要是亚运的答谢宴、庆功会议等，如《感谢所有为亚运付出艰辛努力的人》。12 月1 日的报道除了有两篇关于亚运交通补贴发放的报道外，其他7 篇为对亚残会的报道。12 月2 日开始主要为与亚残会有关的报道。

（5）报道形式

报纸体育编辑应依据报纸风格定位对报道形式进行预先的设计，并力求形式创新，并在策划实施过程中，根据具体新闻内容和报道反馈等进行相应调整。

（6）具体发稿计划

报纸体育编辑对各阶段预计刊登的新闻稿件进行的统筹规划，包括稿件刊出的先后次序、具体时间、版面位置等。

（7）报道力量配置

报纸体育编辑根据报道需要和本报的实际情况，对参与报道的人力、物力配置进行设计。如本报报道力量不足或为了提高报道效率，可采取跨媒体合作的报道力量配置。奥运会等大型赛事报道，综合性报纸可考虑采取跨媒体合作的报道力量配置。

[58]　张继德，袁迪.《南方日报》亚运会专题的策划特色[J]. 新闻世界，2011，4：103-105.

案例链接

表2-5 《人民日报》2012欧洲杯和伦敦奥运会报道力量投入[59]

欧洲杯	没有派记者到前方，但在后方也是有5、6个人的团队，从今年年初的时候就开始做报道计划，定期开策划会，提前围绕选题准备材料，把6月中下旬到7月初作为报道重点时段，基本上保持整个赛程中每天有四分之一个版的容量
伦敦奥运会	整个人民日报社大概10人左右，包括人民日报、人民日报海外版、环球时报、人民网的记者，记者的内容会有共享但也会各有侧重；后方有2个编辑组，每天都会做2个整版，一万多字的容量

2. 设计方案选定

重大报道主题的策划，经常需要设计数套方案，设计多套方案也是新闻策划变通性的要求，编辑可从方案效果、实施条件等方面对方案进行分析和比较，并从中选择最优设计方案：

（1）对设计方案的效果进行预测，与报道效果目标相对照，选择最接近效果目标的方案。

（2）对设计方案的实施条件进行分析，与报社内部现有的条件两相对照，选择两者最接近的方案。

案例链接

《申江服务导报》奥运报道设计方案选定[60]

新闻策划存在不确定性，采访写作过程需根据实际情况，要时时调整方案选择最优。《申江服务导报》每一周的北京奥运报道策划中，往往会有“第一备选选题”、“第二备选选题”，但“正选”选题是不确定的。8月19日出版的《申》报封面，就经过“细数中国日”、“新奥运新偶像”、“中国男篮三大支柱”等几个选题的筛选，最终才确定由突发新闻“刘翔退赛”和当周最大看点“姚之队冲四”相结合，既突出时效，又提供了深度的报道。

（三）报道方案修正

在报道实施过程中，编辑应主动、全面、及时地获取记者、报道对象、有关部门、读者等各方面的反馈信息，适时调整、修正报道方案，以取得最佳报道效果。

[59] 人民日报：欧洲杯报道既严肃权威 又不失娱乐[EB]. http://media.sohu.com/20120629/n346899274.shtml，2013-4-15.

[60] 宣晶.周报的奥运新闻策划：贵在扬长避短[J]. 新闻记者，2008，9.

案例链接

《申江服务导报》奥运报道方案修正[61]

《申江服务导报》别册《奥·媚》原定于5月20日出版，那时恰逢奥运火炬传递到上海，时间节点把握非常准确。但正当《奥·媚》进入出版的最后关头，突然发生汶川大地震，国务院决定5月19日到21日为全国哀悼日，主管部门要求首先减少娱乐报道，停止刊播娱乐广告，报头用黑色。在这样的氛围下，推出《奥·媚》显然失当。报社领导及时调整出版时间，充分利用周报时间上的弹性和空间，将印好的《申》报后几叠内容及《奥·媚》别册推迟至5月22日二次上摊，A叠抗震救灾报道迅速调整为“《申》报抗震救灾特刊”准时上摊，发行收入捐赠灾区。有了这个“明智”的调整方案，《申》报不仅在抗震救灾报道上不缺位，延后两天出版的《奥·媚》亦给以人耳目一新的感觉。掌握时机原则，化危机为机遇，是对宣传精神的把握能力、组织系统整体反应能力和配合能力的考验。

思考与练习

1.选择一份报纸，结合新闻报道策划原则，分析其体育专题报道。

2.体育新闻报道策划的类型。

3.选择一份报纸，分析和评价报纸一周的体育专题报道的选题。

4.选择一份报纸，分析该报在赛事举行的不同阶段的报道特点。

5.分析不同报纸同题报道的异同。

6.根据最近的热点和社会现实，策划一个体育新闻选题。

[61] 宣晶.周报的奥运新闻策划：贵在扬长避短[J].新闻记者，2008，9.

第三章 体育新闻稿件的组织和选择

本章提示

体育新闻稿件是报纸传播体育新闻事实最主要的载体，因此，体育新闻稿件的组织和选择是新闻编辑十分重要的工作环节，只有选稿得当，新闻报道策划的效果才能实现，稿件修稿、标题制作、版面编排等报纸编辑的后续工作才能有好的基础。体育新闻稿件的选择主要取决于新闻内容的分析与判断，不要把报道形式和写作技巧作为选择的决定性因素，拥有充足、优质的稿件来源，并对来稿进行认真、及时、准确、审慎的选择，是实现报道宗旨、确保报道质量、形成报纸体育报道特色的关键。

学习目标

1.了解体育新闻稿件的主要来源
2.学习体育新闻稿件的组织
3.了解体育新闻稿件的选择标准
4.掌握体育新闻稿件的具体操作

第一节　体育新闻稿件的来源和组织

本节要点

报社内部体育稿件的组织

报社外部体育稿件的来源和组织

“巧妇难为无米之炊”，拥有充足和高质量的备选稿件是报纸体育编辑圆满完成稿件选择任务的重要前提和保证，体育新闻稿件的来源主要分为报社内部稿件和报社外部稿件。

一、报社内部体育稿件的组织

报社内部稿件主要指本报记者、编辑所写的新闻稿件，这是体育新闻稿件的主要来源。报社内部稿件在内容上具有原创性和独家性，且能较大程度地确保稿件的真实性和报道质量，重要体育赛事和体育新闻事件的报道，主要依靠本报记者在新闻现场采写的一手稿件。报纸编辑组织报社内部稿件时的注意事项主要有以下几个方面：

（一）全面了解报社内部的基本情况

编辑应对报社内部情况做到胸中有数，对记者的报道领域、特长和手中资源有较为清楚的认识，并能根据体育新闻报道的需要，合理安排和配置人员，完成采编任务。媒体融合时代，报纸体育编辑应熟悉和适应新的采编关系和媒体组织结构，有效进行稿件组织。

资料链接

《天津日报》报业集团将《天津日报》、《每日新报》、《城市快报》三家报纸体育部和《球迷报》的宣传资源及采编队伍整合为集团体育新闻中心，将四家报纸的摄影记者整合成集团的视觉新闻中心，节约了人力成本，采访费用大幅下降，以资源整合推进产业化经营，提高新闻资源利用率，新闻中心记者采写的稿件、拍摄的照片，由各版组负责人把关、审阅、修改后统一签发至新闻中心稿库，根据各报特点及稿件质量进行新闻选择。

（二）构建和谐的采编关系

1. 采用统一标准的稿件录用标准，客观公正用稿

体育新闻编辑要认真对待记者采写的每篇稿件，做到不误判稿件。在稿件的选编上，坚持客观、公正、全面的原则，严格依照稿件选择标准，不掺杂个人因素，切实按照稿件自身的价值和质量来判断和选择稿件。

2. 积极传递编辑思想，引导记者写稿

编辑应将报社近期的宣传报道方针、报道重点和编辑思想以及受众的心声和信息诉求，及时传递给记者，引导其写出报纸需要的高质量稿件。

3. 给记者提供尽可能的支持和帮助

报纸体育编辑要提前“介入”记者的新闻采写工作中，特别是重要的采写任务，必要时，编辑应给予记者尽可能的支持，帮助其顺利完成任务。

4. 勤于并善于与记者进行沟通交流

报纸体育编辑应勤于与记者沟通，以获取和掌握更多的新闻稿件信息，防止出现稿件选用和改稿错误。编辑应谦逊豁达，重视倾听记者意见，形成商榷、研究的氛围，可在编稿前和编稿过程中与记者讨论，稿件编发后，视情况开展总结性讨论。

5. 善于化解采编矛盾

在出现新闻稿件太多而版面有限，造成可发、能发的稿件无法采用以及记者对稿件修改不满等问题时，编辑应耐心细致地听取记者的意见，并做好解释说服工作，使记者心服口服。

6. 密切与记者的日常交往

多数报社因受到办公场地、工作时间、工作性质等方面情况的制约，编辑和记者真正相处的时间和机会并不多，编辑应利用一切机会有意识地加强与记者的日常交往，通过走访、联谊和参加集体活动等方式来密切联系，加深双方的了解，增加信任。

二、报社外部体育稿件的来源和组织

由于体育报道领域较广，尤其遇到奥运会、世界杯足球赛等大型赛事时，报社通常会加版或开设专刊、特刊，体育稿件需求量大。同时，囿于人力物力和采访资格获得等问题，外部稿件也是报纸体育编辑不可或缺的稿件来源。外稿主要包括通讯社供稿、体育报道合作联盟供稿、外地媒体交换稿、社会来稿、网络稿和其他媒体报道等。

（一）通讯社供稿

通讯社稿件是体育报道的重要稿源之一，尤其是境外体育报道，囿于资金、采访资格等问题，综合性报纸体育版多采用新华社供稿。中国境内媒体不可以直接采用国外通讯社供稿。

法规链接

《外国通讯社在中国境内发布新闻信息管理办法》[62]第四条：外国通讯社在中国境内发布新闻信息，应当经新华通讯社批准，并由新华通讯社指定的机构（以下简称指定机构）代理。外国通讯社不得在中国境内直接发展新闻信息用户。

新华社在国内外都派驻了大量记者，拥有国内独一无二的新闻资源和采访实力。立足于全球卫星广播网和新华社多媒体数据库的新华社新闻产品抄收方式有效保证了报纸采用新华社新闻稿件的时效性和稳定性。新华社历来重视体育新闻报道的采写，设有专门的体育新闻编辑部，每天都会发布大量体育新闻，供各媒体报道使用。新华社发布的体育新闻稿不仅数量大，而且报道全面，权威性强，内容真实可靠，报道水平高，编辑一般不需要做太多的修改，对于采写力量有限的媒体来说，新华社通稿是非常重要的稿源。

资料链接

新华社体育新闻编辑部：1984年1月1日成立，体育新闻专线是报道国内外重要体育赛事、体育人物、体育事件及体育产业的新闻专线。内容包括中央权威部门授权新华社发布的重要体育新闻；国际、国内体育权威机构提供给新华社的独家新闻；奥运会、亚运会、世界杯足球赛、欧洲足球锦标赛、NBA、CBA等重大体育赛事报道。体育新闻专线设有“体坛热点”“新闻人物”“体坛走笔”“赛事前瞻”“赛事综合”“名人视点”等栏目。

主要内容

1．全面报道欧洲五大联赛和南美各国联赛、欧洲冠军联赛、联盟杯赛、亚洲冠军联赛、欧洲足球锦标赛和亚洲足球锦标赛等国际足球赛事。

2．报道中超、中甲、女足赛事以及国足征战国际赛场等国内足球热点事件。

3．全面报道NBA、CBA等篮球赛事以及明星球员情况。

4．报道乒乓球、羽毛球、体操等各项国内外体育赛事。

5．报道全民体育健身和休闲活动。

6．报道国内外正在兴起的各种新奇、刺激的极限挑战运动。

发稿情况

每天24小时滚动发稿，日均发稿60多条。[63]

由于新华社稿件对全国媒体都是开放的，其新闻资源具有共享性，没有独占性，因此难以满足目前激烈新闻市场竞争需要，无法实现媒体报道内容的差异化。编辑应竭力避免报道内容的同质化，结合报纸特点，体现本报特色和稿件的差异性。体育专业类报纸和一些有实力的综合性报纸体育版较少直接采用新华社的稿件，通常只是作为信息源的补充使用，多用于重大体育赛事报道、境外体育报道和一些配置性稿件。

---

[62] http://news.xinhuanet.com/politics/2006-09/10/content_5072443.html

[63] 体育新闻专线[EB]. http://203.192.6.89/xhs/static/e11293/11293.htm，2013-4-22.

案例链接

《体坛周报》编辑将新华社的供稿与本报特点结合，进行稿件修改，用与报纸风格相符和读者易于接受的方式呈现，编辑借助新华社供稿掌握大量的新闻信息，通过稿件的编辑与修改，对报道进行补充和深化，形成报道特色，这成为其在体育专业类报纸中处于领先位置的重要取胜之道。

（二）体育报道合作联盟供稿

为了更好地实现对重大赛事全面、充分的报道，综合性报纸、地区性报纸可考虑组成合作联盟，采用报报结合、报台结合、报网结合等各类媒体资源整合的合作方式，共同派出记者，发挥资源整合优势，实现联盟间稿件互通、共享，体育报道合作联盟有利于降低采编成本，整合新闻资源，扩大报道影响。地区性报纸不仅不会影响该媒体的本地市场竞争，反而可以扩大报道面，增强媒体的竞争力。

案例链接

部分体育报道合作联盟

1. 全国晚报体育新闻学会报道联盟

2000年悉尼奥运会、2002年韩日世界杯、2004年雅典奥运会、2006年德国世界杯、2010年南非世界杯以及2012年伦敦奥运会等重大赛事，全国晚报体育新闻学会组织了多次境外大型体育盛会联合报道活动，学会成员单位协同作战，伦敦奥运会，来自全国32家晚报的68名记者统一行动，实现新闻报道资源共享。[64]

2. 捷报体育联盟

捷报体育联盟由13家都市报——《半岛晨报》、《成都商报》、《南方都市报》、《重庆晨报》、《楚天都市报》、《京华时报》、《沈阳晚报》、《济南时报》、《青岛早报》、《现代快报》、《每日新报》、《都市快报》、《东南快报》、《深圳商报》以及腾讯公司组成，完成了2008年北京奥运会、2010年南非世界杯等大型赛事的报道工作。[65]

3. “七星联盟”

2008年北京奥运会期间，《湖北日报》、《南方日报》、《深圳特区报》、《新华日报》、《文汇报》、《辽宁日报》等报纸组成了“七星联盟”，互相供稿。[66]

4. “七台联动”

《第一财经》、北京财经频道、成都电视台新闻中心、山东生活频道、江苏城市频道、苏州广播电视总台、澳门广播电视股份有限公司等7家媒体将组成近30人的联合报道团赴伦敦采访。据了解，“激情伦敦眼”联合报道与常规体育报道的不同点在于，此次“七台联动”的报道内容涵盖中英政界商界的高端访谈、生动有趣的伦敦微观经济生活体验与调查性报

---

[64] 袁虹衡. 中国晚报奥运采访团成立[N]. 北京晚报，2012-5-6（13）.

[65] 吕远. 快报全球探营世界杯32强[N]. 现代快报，2010-3-23（A18）.

[66] 彭淑明，王卫明. 伦敦奥运会：国内媒体如何广开稿源[J]. 中国记者，2012，6:70-71.

道、劲爆励志的赛事花絮和名将追访等。[67]

5．新锐媒体伦敦奥运报道平台

《新京报》、《半岛都市报》、《海峡都市报》、《华西都市报》、《潇湘晨报》等21家平面主流媒体，与PPTV网络电视达成了战略共识，组建40人的赴英采访团队出征，以求立体化、全景式地报道伦敦奥运会。[68]

（三）外地媒体交换稿

报纸体育编辑可考虑与相熟的外地媒体编辑、记者交换需要的体育稿件。

1. 外地媒体交换稿一般适用于以下情况

（1）交换稿件作者所在地举行的重要赛事，本报未派记者前往比赛现场采写稿件。如国内联赛报道，由于人力物力等原因，都市报不可能在全国所有同时比赛的现场都派出本报记者，为避免遗漏重要的体育新闻，编辑可通过合作稿源来完成报道任务。

（2）交换稿件作者所在地发生与体育有关的重要突发性事件，报纸难以及时派人前往采访报道。

（3）编辑所负责的当期版面稿源紧张，需稿量大。由于交换稿的采写者是职业媒体人，稿件的新闻真实性和报道质量有一定保证。

2. 编辑获得交换稿的保证

（1）编辑应具有良好的交往和公关能力，日常和外地同行多联系，注意积累人脉资源，增加双方的了解和信任。

（2）双方媒体不具有直接的竞争性是双方合作的基本前提。

3. 外地媒体交换稿的局限性

（1）外地记者采写的稿件的报道角度和报道语言会从其所在的报纸的报道宗旨出发，与该地的读者需求契合，不一定适合报纸目标读者的口味，需要做相应的编辑处理。

（2）稿件获得有赖于编辑和合作方的私人关系，合作确定性和稳定性有风险。

（3）稿件可选择范围小，同时，编辑必须确保能提供对方需要的本报新闻稿。

（四）社会来稿

社会来稿是报社外部稿件重要的组成部分，也是体育新闻稿件原创性和多样性的保证。

1. 社会来稿的主要方面

（1）本报记者不能胜任的重大报道

综合性报纸由于报道领域不仅局限于体育，其体育报道力量相对体育专业报纸较弱，而地方报纸的体育报道力量也主要集中于对本地体育资源的报道，报纸体育编辑可利用社会来

[67] 赵新乐.伦敦奥运报道吹响“集结号”[N].中国新闻出版报，2012-5-23（3）.

[68] 赵新乐.伦敦奥运报道吹响“集结号”[N].中国新闻出版报，2012-5-23（3）.

稿来扩充新闻稿源和降低采编成本。编辑在日常应有意识、有计划地培养特约作者或通讯员等报社外部人员采写本报记者不能胜任的重大报道。

案例链接

早期的《体坛周报》财力有限，其很多国外报道来自社会来稿。如著名体育新闻人李森原是西班牙厨师，热爱体育，经常边炒菜，边用耳机收听西班牙体育赛事，并在闲暇时给《体坛周报》投稿，后来因为精通西班牙语和深厚的球迷功底成为《体坛周报》专职撰稿人。

（2）为重要新闻配备的支撑性文章

案例

TOP NEWS

要闻

董路述说“我记忆中的陶伟”——

每次踢完球，他就拼命跑步

图3-1《东方体育日报》2012-8-29 2版

分析

《东方体育日报》约请了董路、高洪波、魏群等与陶伟相熟的朋友或同行撰写陶伟逝世悼念专题，不仅报道了不为读者熟知的陶伟相关信息，加深读者对陶伟的了解，同时，文章真挚的情感流露也能较好地表达和传递其亲友对于陶伟的哀思和不舍，感染读者。

（3）有特色的权威特稿

报纸体育编辑可约请相关领域专家撰稿，以获得权威性、专业性强和视角、观点独到的特稿。也可考虑约请运动员、教练员等业界知情人士为本报撰写专稿，作者的知名度、权威性以及一手的信息能够使稿件具有较高的报道价值。

案例链接

《体坛周报》2008年北京奥运会期间在二版开设了一个独家专栏，名为“日记罗格”，约请《队报》国际奥委会资深记者阿兰·伦森费希撰稿，除了“日记罗格”外，二版上还有其他一些专业人士关于奥运赛事的专文。

（4）新闻评论

报纸体育编辑可以约请业内人士或相关领域专家撰写评论，呈现多样化的观点，也可编发读者看法，体现互动性。

案例

29 OLe 欧夜

老北京足球人聊“欧夜”

本报推出“京派球评”

孙海英：荷兰队，决赛见！

金志扬：看欧足融合

郭瑞龙：品欧足魅力

图3-2《北京晚报》2012-6-8 29版

分析

2012年欧洲杯期间，《北京晚报》推出专家点评团，为读者们及时点评每日凌晨结束的欧洲杯赛事。昔日北京国安队的老帅金志扬、领队郭瑞龙合作推出《金龙论球道》，为球迷点评欧洲足坛大势。著名足球评论员、意甲专家张路开《张路聊欧夜》的专栏，及时点评赛事。金志扬、郭瑞龙的一干弟子：胡建平、谢峰、吕军、谢朝阳、韩旭、南方轮流出现在《老男孩评论球》栏目，为球迷点评最新欧洲杯精彩赛事。除了足球专业人士之外，晚报还特邀了南非世界杯的专栏作者《老石一刀仙》的影视人孙海英，给晚报读者推出一套亦体亦娱的欧洲杯球评大餐，以解每日聊球之渴。[69]《北京晚报》的欧洲杯评论突出了本地特色，也充分地利用了报纸的报纸资源，角度多样，风格各异，较好地满足了读者的多元信息需求。

（5）专栏文章

专栏也是社会来稿较为集中的地方。

案例链接

《足球》报30周年最佳专栏——“京华新村”

“京华新村”是1994年《足球》报邀请一班京城名记创办的一个专栏品牌，专栏的写手包括了汪大昭、毕熙东、张路、苏祥新和王俊等报社外部的体育专业人士，开报刊评论专版之先河，并较好地展现出非官方体育评论的生气和特色。进入90年代后期，“京华新村”专

[69] 陈嬴.老北京足球人聊“欧夜”[N].北京晚报，2012-6-8（29）.

栏整合了其他评论栏目演变成“聊斋”版面，聚积了更多的人气写手，取材涉猎也更加广泛和国际化。[70]

（6）读者来信

为了增强与读者的互动，有的报纸专门设有读者专栏，如《足球报》的《春来茶馆》的专栏，专门刊登球迷的评论文章。

案例链接

《足球》报30周年最佳专栏——“春来茶馆”

“春来茶馆”创立于1984年，当时还叫做“球迷之友”的栏目，到了1990年，正式更名为“春来茶馆”，是那个时代体育媒体与球迷互动的唯一渠道。“春来茶馆”栏目的主持人最初由当时的总编辑严俊君担任，后来则由广东足坛元老杨霏荪、足球专家段嘉元等担任。“春来茶馆”在停办几年之后，紧贴网络时代特点的“顶一周”栏目开始承担与球迷互动的任务。“顶一周”关注网络上球迷关心的焦点，将热点话题搬上报纸，并将话题升华。从“球迷之友”到“春来茶馆”再到“顶一周”，这个几乎贯穿《足球》报整个历史的版块，是《足球》重视与球迷互动，重视球迷意见传统的最有力体现。[71]

2. 社会来稿的作者组成

（1）常驻当地人士

包括常驻当地的办事机构工作人员、留学生、华侨等人士，他们对当地的语言和环境较为熟悉，并拥有一定的报道资源，方便获得第一手信息和采写新闻稿件。

案例链接

英国驻中国大使馆提供的资料显示，有超过8.5 万名中国学生在英国各地学习，还有10 多万的华人、华侨在英国工作、生活，广东是中国著名侨乡，有着众多乡亲侨居英国，2012年4月，《羊城晚报》通过微博发布信息，招募100名在英国留学、工作及居住、生活的华人成为该报奥运报道特约记者，讲述他们的奥运故事、英国人的奥运情结、他们担任奥运志愿者的酸甜苦辣。该举措较好地在拓宽稿源的同时，降低了采编成本。

（2）去事件发生地旅游或观看赛事的人

报纸体育编辑可考虑约请去事件发生地旅游或观看赛事的人采写稿件，以较低的采编成本来完成报道任务。

（3）主动招募人员前往观看赛事、参与报道

报纸可主动招募报社外部人员前往体育事件发生地采写新闻。

[70] 《足球》报30周年各项最佳[EB]. http://sports.qq.com/a/20090101/000426_4.htm，2013-4-6.

[71] 《足球》报30周年各项最佳[EB]. http://sports.qq.com/a/20090101/000426_5.htm，2013-4-6.

案例链接

上海《新闻晨报》招募高校在读学生前往伦敦现场感受奥运，往返机票、酒店住宿、奥运门票均由《新闻晨报》负担。

（4）专家

报纸体育编辑可约请相关领域的专业人士撰写相关报道。

案例链接

《新安晚报》请“韩大嘴”韩乔生担任伦敦奥运特刊《美“伦”美奂》的总顾问，远赴伦敦“前线”担任现场解说的“韩大嘴”，用笔记录奥运精彩。

（5）业内人士

业内人士对相关领域较为知情，能提供一手的信息和独特的视角。

3. 社会来稿的组稿要求

（1）约稿思路明确、清晰

编辑应对所负责的报道领域非常熟悉，对向谁组稿、组什么稿和如何组稿做到心中有数，避免约稿的盲目性。编辑如果没有充分研究和确定报道思想就贸然组稿，使稿件反复修改或不能刊用，不仅劳民伤财，而且会挫伤作者的自尊心和积极性，影响后续合作。

（2）了解作者的背景，选择合适的撰稿人

报纸体育编辑应从知识和专业能力背景、知名度、知情度、写作水平、撰稿时间、对报纸的态度、与编辑的个人关系、责任心、稿费要求等方面进行综合考虑，选择合适的撰稿人，可能的话，力求权威性和独家性。

案例

《现代快报》特约了作家余华、阿来、池莉等组成观摩团前往南非现场观看世界杯赛事，并发回独具人文色彩的文学作品，使球迷们获知名家们对比赛全方位的解读。

分析

因《活着》、《兄弟》等名著蜚声海内外的著名作家余华是有着多年观球史的真球迷，池莉看球也有20多年历史。四川省作家协会主席阿来也是铁杆球迷，每届世界杯和欧洲杯他都会抽出时间，和三五好友聚在电视机前观看球赛。球迷作家良好的观察力、文笔和球迷功底较好地保证稿件的视角独到和写作质量。

（3）了解约稿技巧和撰稿人的有关情况，确保约稿的成功率和有效性

报纸体育编辑应较为了解撰稿人背景和性格特点等，以确保沟通的顺畅。约稿信写作应

语言合宜、要求明确，应细致、准确地向作者交代选题和撰稿要求，确保作者所撰写的稿件能符合版面需要。编辑和作者初次约稿时应主动、明确介绍本报的稿费标准、发放周期等事宜。需要催稿时，编辑应注意沟通的语气和技巧，避免出现不愉快的场面。一般来说，编辑主动约请撰写的稿件通常要采用，尤其是业内专业人士和名人，而且在采用时，其基本观点不能做大的修改，否则会挫伤作者的感情，如确要修改，应做好沟通工作，以免影响与作者后续关系的维持。

语录链接

董路谈《体坛周报》编辑约稿："1995—1997年的三年时间里，《体坛周报》和我建立了比较明确的合作关系，我作为该报的特约记者，负责提供一切有关北京足球的稿件。那时几乎每个出报日的前一天傍晚，我都会接到《体坛周报》一位叫朱曙光的编辑从长沙打来的电话，他会通知我第二天写什么内容的稿件，包括需要写多少字。直到现在，我依然认为《体坛周报》之所以经过多年努力，如今抢占了国内平面足球媒体的头把交椅，与其一直以来一贯的编辑思想相对明确、约稿工作细致入微有着很大的关系——给记者或者特约记者设置命题作文，而不是任由大家天马行空。这样就最大限度地保证了搞（稿）的质量和指向性，进而也最好地体现出了版面错落有序、整体统一的感觉。"[72]

（4）尊重作者，慎重、及时处理稿件，充分利用稿件

编辑选稿既不能降低标准，也不能轻易"枪毙"稿件。有的报纸编辑限于时间紧迫，只选用版面需要的稿件，其他则弃之不顾；或者因写作技巧方面的缺点而忽视稿件内容；或者因稿件的一部分写得不好而忽视其他可取的方面。这些做法不仅对办报有害，也是不尊重作者劳动的表现。

（5）力求稿件来源多元化，注意发现人才、建立作者队伍

编辑应善于发现人才，形成一支稳定且不断壮大的多元化作者队伍。同时，编辑在积极依靠自由撰稿人的同时，对其稿件的真实性和报道质量进行严格把关，防止一稿多投。

语录链接

白岩松谈《体坛周报》编辑约稿："不拘泥于形式，为《体坛周报》写稿的人形形色色，有的是专业人士，有的是业余爱好者，有的是社会名流，大多不是《体坛周报》的人，但只要你掌握着独家的东西，有独家的视角，你就可能接到《体坛周报》的约稿电话。"

（6）及时处理稿件发表后的未尽事宜，确保良好关系的维系

对于报社外部作者而言，编辑是他（她）和媒体联系的唯一接口，编辑应及时处理样报邮寄、稿费发放等稿件发表后的事宜。报社发放稿费是个复杂的流程，其实编辑能过问的程

[72] 董路. 第15章足球记者多半挣的都是辛苦钱（上）[EB]. http://blog.sina.com.cn/s/blog_46e815bb01000al3.html, 2013-4-2.

度有限。但稿是编辑约的，编辑有责任关心和帮助作者正常收到稿费，如发生拖欠，要协助作者向本单位其他环节查询。初次合作的写作者，编辑应主动过问对方是否有收到稿费。

语录链接

董路谈编辑的稿费处理："若干年以来，祖国各地各类媒体向我约过稿的编辑没有一百至少也有八十。他们当中最让我难忘的有两位，一位是早年广州《粤港信息日报》的曾明先生，另一位是大连《足球周报》的张雪梅小姐。他们不仅思路清晰、为人和善，而且从来没有差过我一分钱的稿费。更令我感动的是，有时他们的版面会摘用我发在新浪网上的稿子，本来不说我也很难知道，知道也不会说什么，但这两位编辑居然每每还给我开出一定数额的稿费，简直难以置信！要知道，我在网站上的稿子曾经被无数（如果1000家姑且可以夸张为"无数"的话）平面媒体摘用过，除此之外我就没有得到过任何一笔相关的稿酬。"[73]

（7）编辑要客观、公正地按照质量来取舍稿件

语录链接

邹韬奋谈选稿："我对于选择文稿，不管是老前辈来的，或是幼后辈来的，不管是名人的，或者无名英雄来的，只要是好的，我都要竭诚欢迎，不好的我也不顾一切地不用。"[74]

（8）杜绝剽窃作者稿件和观点

报纸编辑应做到尊重他人的劳动成果，杜绝剽窃作者稿件和观点，署上自己姓名发表的行为。

法规链接

《中华人民共和国著作权法》（主席令第26号）摘录[75]

第四十七条　有下列侵权行为的，应当根据情况，承担停止侵害、消除影响、赔礼道歉、赔偿损失等民事责任：

（一）未经著作权人许可，发表其作品的；

（二）未经合作作者许可，将与他人合作创作的作品当作自己单独创作的作品发表的；

（三）没有参加创作，为谋取个人名利，在他人作品上署名的；

（四）歪曲、篡改他人作品的；

（五）剽窃他人作品的；

（六）未经著作权人许可，以展览、摄制电影和以类似摄制电影的方法使用作品，或者以改编、翻译、注释等方式使用作品的，本法另有规定的除外；

[73] 董路.第15章足球记者多半挣的都是辛苦钱（上）[EB]. http://blog.sina.com.cn/s/blog_46e815bb01000al3.html,2013-4-2.

[74] 新闻稿选用注意事项[EB]. http://www.bianjiao.net/news/html/?837.html，2013-4-3.

[75] 中华人民共和国著作权法[EB]. http://www.china.com.cn/policy/txt/2010-02/27/content_19484098_4.htm，2013-4-3.

（七）使用他人作品，应当支付报酬而未支付的；

（八）未经电影作品和以类似摄制电影的方法创作的作品、计算机软件、录音录像制品的著作权人或者与著作权有关的权利人许可，出租其作品或者录音录像制品的，本法另有规定的除外；

（九）未经出版者许可，使用其出版的图书、期刊的版式设计的；

（十）未经表演者许可，从现场直播或者公开传送其现场表演，或者录制其表演的；

（十一）其他侵犯著作权以及与著作权有关的权益的行为。

（五）网络稿

1. 门户网站体育新闻报道

网络新闻稿件是公共信息，不能提供报纸体育版需要的独家内容，同时其信息来源和真实性难以把握，如需采用，应优先选用人民网、新华网等权威媒体机构网站报道。报纸体育编辑一般只将网络作为信息库和信息源使用，编辑在采用网络所提供的比赛结果、比赛时间、排名表等信息时须谨慎，要通过其他信息渠道进行查证后方能使用。

2. 网民意见表达和运动员动态稿件

网络论坛、微博是编辑获取意见性稿件和体育明星等重要报道对象动态的重要渠道。以往只有强势媒体才能接近的奥运会运动员，因为社交媒体反而成为最易接近的信息来源。

案例

扬子晚报　体育·缤纷　A27

体坛明星们圣诞怎么过？
秀恩爱 献爱心 送礼物

图3-3《扬子晚报》2012-12-26 A27版

分析

报道以“体坛明星圣诞怎么过”为主题，体育明星微博是报道重要的信息来源，林丹微博让公众得知了林丹赴丹麦过圣诞的安排，而且透露了其会到老将盖德家做客的重要信息，体操世界冠军李小鹏微博晒出了一家三口和“圣诞老人”的幸福合照，使读者一目了然地获知了李小鹏的近况，报道还通过对明星微博内容的报道，透露了伦敦奥运女子100米蝶泳亚军陆滢和田径名将孙雅薇圣诞节和“感冒病菌”共度的新闻。由于体育明星所具有的显著性，编辑应注意明星微博动向，并对微博信息进行整合式报道，及时为读者提供其感兴趣的信息。

3. 网络稿选用的技巧

（1）关注赛事和权威媒体官网，获取最新动态

编辑通过赛事官网通常能获取到许多与赛事有关的一手信息，且权威性和真实性有着可靠保证，除此以外，赛事举办地的知名权威媒体官方网站也应关注，他们的体育报道有着地

利上的优势。如2012年伦敦奥运会，报纸体育编辑可对英国广播公司（BBC，官方网站网址为www.bbc.com）、路透社（Reuters，官方网站网址为www.reuters.com）等英国当地权威媒体官方网站予以特别的关注。

（2）重视加强境外赛事报道的翻译工作

境外重大赛事期间，编辑可组织编译人员参与新闻报道，第一时间将比赛消息向公众发布，除依靠自身的人力物力外，可考虑和高校合作，组织外语能力强的学生参与编译新闻，确保对重要信息的及时发布，并有效降低报道成本。

（3）关注赛事微博、权威媒体微博、名人微博和业内人士微博

微博是编辑获取体育信息和新闻稿件的重要来源，报纸体育编辑可考虑选用社交媒体名人和一般公众的精华评论。现役或退役运动员、教练员、体育相关人士的微博信息，如李娜、黄健翔、韩乔生等人的微博应成为编辑关注的焦点。报纸编辑还可安排境外采访记者或其他人员注册Twitter、Facebook、YouTube等境外社交媒体，获取更多信息。伦敦奥运会期间，运动员微博粉丝数大幅攀升，运动员也积极地通过微博与受众交流。新浪微博中有“2012伦敦奥运会正式微博”、“2012伦敦奥运赛况速递”、“2012伦敦奥运会特别关注”、“2012伦敦奥运官网”等微博用户，微博包含了“英国印象”、“奥运花边”、“奥运资讯”和“中国奥运队”等信息话题组。腾讯微博上，也有许多有关伦敦奥运的微博。

案例链接

腾讯微博的明星微博圈：中国奥运军团的396名奥运选手中，近一半人都在腾讯开通了微博。体育明星在各自微博的信息发布、情感交流打破了媒体的采编垄断权。腾讯伦敦奥运微博报道阵形包括数个影响力大的微博圈：刘翔、林丹领衔的奥运冠军／教练微博圈；段暄、崔永元领衔的央视名嘴微博圈；许绍连、马德兴领衔的体育名记微博圈；莫文蔚、徐静蕾领衔的娱乐明星微博圈。

（六）其他媒体报道

1. 境内媒体报道

报纸编辑可考虑选用中央电视台体育频道、赛事所在地媒体等拥有较多赛事资源和地缘优势媒体的报道。

2. 境外媒体报道

（1）境外赛事举办地的媒体报道

编辑可安排人员在赛事举办地或国内三星级以上的涉外宾馆等地点收看境外媒体报道，并及时选用有报道价值的新闻。如伦敦奥运会期间，编辑应安排人员监控英国本地媒体的报道，所获得的二手资讯也可能会成为国内报道的最先资讯。如英国广播公司（BBC）向有线和卫星电视频道提供24套伦敦奥运高清实况转播节目，英国的电视观众能看到所有伦敦奥运

项目的直播，还可以监控英国第三频道（ITV）、第四频道（Channel 4）、第五频道（FIVE）及天空电视（Sky Broadcasting）等媒体的报道。

（2）其他境外媒体报道

CNN（美国有线电视新闻网）、ESPN（24小时专门播放体育节目的美国有线电视联播网）以及凤凰卫视等大陆境外媒体报道。

三、组稿步骤

报纸体育编辑的组稿包括以下几个步骤：确定稿件选题→向目标作者约稿→与作者对稿件进行商议→来稿的处置和后续处理：

（一）确定稿件选题

编辑可根据对报道领域内热点的分析，直接确定选题去约请合适作者写作，也可与目标作者交谈、共同磋商确定选题，特殊情况下，请作者直接提供合适稿件。选题的好坏关系整个报道的成败，是组稿成功的关键。

（二）向目标作者约稿

编辑约稿时，应向作者准确、清楚、细致地说明稿件具体要求，说明的主要内容包括：选题的意图和依据、报纸性质、读者定位、报纸风格以及文章字数要求、具体交稿时间等。

（三）与作者对稿件进行商议

写稿过程中，如有需要，编辑需与作者就题目、报道角度、写作提纲等方面进行商议究，以确保编辑意图顺利变为作者的写作指导思想，同时考察其是否具有完成任务的条件，必要时对选题作调整，使作者扬长避短，发挥最佳水平。

（四）来稿的处置和后续处理

作者提交稿件后，编辑应及时审阅和修改稿件，并尽可能告知作者稿件的处置情况，并完成样刊邮寄等后续事宜，确保作者及时拿到应得的稿酬。

第二节　体育新闻稿件选择的标准

本节要点

新闻价值标准
社会效果标准
媒介适应性标准

报纸体育编辑主要根据新闻价值标准、社会效果标准和媒介适宜性标准三个方面对体育稿件进行取舍：

一、新闻价值标准

新闻价值强调从读者兴趣和需要出发来判断和选择新闻，它是编辑判断新闻事实是否能引起受众共同兴趣的一种衡量标准，主要包括时新性、重要性、接近性、显著性、趣味性、异常性等要素。

（一）时新性

时新性是新闻稿件不可或缺的新闻价值要素，该要素强调报道应力求时间近，内容新。

1. 时间近

指事情发生的时间距离新闻报道的时间越近越好，应最迅速、最及时地把最新鲜的信息传达给受众，力争在第一时间发出报道。不同性质体育新闻对时间近的追求：

（1）动态新闻

报道新近发生的体育事实的新闻类型，报道应尽可能地快速、及时。体育比赛的结果与过程等一旦过了报道的第一时间，其特有的悬念性和新鲜性就丧失了，体育新闻的时效性越强，其新闻价值就越高。由于与网络等媒介形态相比，报纸的时效性较弱，编辑在编发动态新闻时，除力求新闻的时效性外，还应着力于信息的准确、权威、专业、全面和深入，注意挖掘新闻背后的故事。

案例

《解放日报》编辑抢发刘翔新闻

2006年7月12日，《解放日报》头版刊登《洛桑国际田联超级大奖赛110米栏刘翔破世界纪录》的最新消息，这是中国纸质媒体的首家报道，在当天全国日报、晨报、早报中则是独家新闻，构成党报抢得独家新闻的一个典型案例。

分析

当天头版的清样已签发付印，《解放日报》当值副总编辑孙洪康接到记者爆料，决定立即撤换版面，并要求记者尽快出稿，编辑同时负责进一步核实新闻真实性和搜寻新闻照片，确保了新闻的抢发，同时避免延误印刷和发行。

（2）非事件性新闻

受众关注和具有社会意义的非新近发生事件或话题，其事实的变动表现为一个较长的时间过程，编辑应以新的、动态的新闻由头来引入此类新闻的报道，以体现新闻的时新性要求，并契合当前形势发表。

案例

体育·焦点　A22

稠州银行想退因为心寒；联赛监管缺管理乱处处“搞笑”——

18年了，CBA还是“伪职业”

光掏钱不管人 稠州伤心想退

监管缺管理乱　CBA深陷“信任危机”

细节决定成败 处处“漏洞”何来“职业”

男友常认错花游姐妹花

图3-4 《扬子晚报》2013-4-11 A22版

分析

报道《18年了，CBA还是“伪职业”》以稠州银行和体育局在球队控制权上存在分歧，浙江男女篮可能要换赞助商的新闻事件为由头，对中国篮球职业联赛存在的问题进行了探讨。

（3）预告性新闻

预告一件事实的变动将要发生的新闻，专业、独到的预告性新闻是报纸体育新闻与网络等时效性相对较强的媒体体育报道竞争的有力手段。编辑编发此类新闻应注意把握好报道时机，力求专业、权威和视角独到。

案例

体坛周报
TITAN SPORTS
2013-2014
欧战指南

图3-5 《体坛周报》2013-9-11 1版

分析

《体坛周报》是以体育迷为目标读者的体育专业报纸，2013年9月，欧洲夏季转会市场尘埃落定，欧洲四大足球联赛即将开赛，和往年一样，体坛周报推出了《欧战指南》特刊，对欧洲四大联赛赛程、各队档案及将帅的头像、数据等进行了全面、详尽的报道，较好地满足了足球迷的相关信息需求。

2. 内容新

指新闻内容有新鲜感，能够满足读者欲知而未知的新闻信息需求，在力求时间近的同时，编辑还应在选题、角度、观念、形式等方面追求创新。

案例

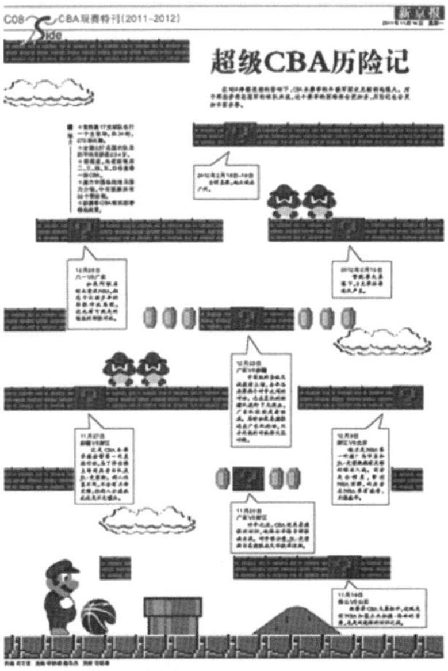
超级CBA历险记

图3-6 《新京报》2011-11-14 C8版

分析

报道《超级CBA历险记》以任天堂公司出品的著名横版过关游戏《超级玛丽》为报道和版面设计思路，对梦想总冠军的球队将要遇到的赛季困难进行了总结和介绍，新闻报道具有新意，令人印象深刻。编辑在力求报道形式新颖的同时，应注意防止造成版面的过度浪费和信息量过少。

（二）重要性

指新闻事实的分量及重要程度。编辑可从受新闻事实影响的人数、范围、烈度、持续度等判断新闻稿件的重要性，这要求编辑对体育事实与读者之间的关联性有深入的了解和把握，对事实与人民群众的利益、党和国家的工作及国际政治生活、人类社会和自然界影响力进行准确的分析与判断。体育新闻报道所涉及的内容在公众中影响越大，其重要性就越为显著，稿件的新闻价值也就越高。奥运会、世界杯足球赛等大型赛事对公众的影响较大，因此，大型赛事新闻具有较为突出的重要性，是体育新闻报道的重要对象。群众体育对公众的现实生活和社会的良性发展有着重要作用和影响，报纸体育编辑应重视对群众体育活动的报道。

（三）接近性

指新闻事实与受众在地理、利益和心理等方面的接近程度，距离越近，新闻价值越大。主要包括地域接近性和心理接近性等方面。报纸体育编辑在选稿时，应使体育报道内容接近本地读者，对本土运动员参加的比赛给予更多的关注。另外，体育迷有自己喜爱的运动队和体育明星，对他们在心理上和情感上具有接近性，编辑应注意满足读者相关信息需求。

案例

好球之[花絮]
2010 南非世界杯
27
南非世界杯上的中国元素

图3-7 《武汉晚报》2010-6-20 27版

分析

该报道对2010年的南非世界杯上的中国元素进行了盘点，体现了地域接近性的要求。

（四）显著性

指新闻事实所涉及的人物、地点、事件等具有较大的的知名度。如名人、胜地的动态等。

案例

希腊半数国土起火燃烧死63人 奥林匹亚遗址幸免于难[76]

希腊南部伯罗奔尼撒半岛27日仍不断出现新火情，目前已有63人在火灾中死亡。希腊消防部门说，雅典东北部的埃维亚岛也发生了火灾，目前希腊已有半数国土起火燃烧，这是希腊史无前例的灾难。希腊警方已经逮捕10名纵火嫌疑人，还悬赏100万欧元缉拿纵火者。

希腊西部还发生了里氏5.1级地震，震区也遭遇了严重的火灾。

另外，希腊伯罗奔尼撒半岛西部的奥林匹亚市也受到森林大火的威胁，虽然大火已经烧到奥林匹亚遗址周围的林地，但最终没有进入遗址，新建的考古博物馆也幸免于难。新建博物馆的规模和馆藏价值仅次于雅典考古博物馆，为了做到万无一失，该博物馆内的藏品已被全部搬出。……

分析

报道除了具有重要性外，奥林匹亚遗址是全球著名的古迹，具有显著性。

（五）趣味性

指新闻事实及表现手法富有情趣，能够吸引读者，给读者带来愉悦的读报体验。体育本质是人的一种娱乐休闲方式，体育新闻是娱乐性很强的报道类型，编辑应注重对高尚、健康的趣味性的追求，避免报道的低级趣味和庸俗化。

案例

狂飙2010
战术大揭秘
“动”感足球

图3-8 《现代快报》2010-6-11 A23版

分析

报道以南非世界杯吉祥物——名叫扎库米的小狮子和英格兰队、葡萄牙队参观野生动物园为新闻由头，将动物与足球结合，展现了动物界各类动物们的足球天赋，妙趣横生。

---

[76] 希腊半数国土起火燃烧死63人 奥林匹亚遗址幸免于难[EB]. http://www.jinbw.com.cn/jinbw/xwzx/gjxw/20070828220.htm，2013-4-5.

（六）异常性

新闻事件出乎人们的意料，如运动员意外退赛、比赛结果爆冷等。

案例

A20
赢在北京
中国军团·射击
名将埃蒙斯最后一枪重现四年前噩梦
邱健笑纳“美金”
我相信天道酬勤
美国名将泪洒赛场 夫妻情深感动观众
埃蒙斯四年射失两金
埃蒙斯解释最后一枪
机会只给有准备的人

图3-9《京华时报》2008-8-18 A20版

分析

版面用整版报道对“美国射击名将埃蒙斯因最后一枪仅为4.4环与北京奥运会射击男子50米步枪三姿奖牌无缘，中国选手邱健意外摘金”的新闻事实进行了重点报道，2004年雅典奥运会，埃蒙斯最后一枪脱靶，将即将到手的冠军奖牌送给了中国选手贾占波，连续两届奥运会错失金牌，报道所涉及新闻事实的异常性使埃蒙斯成为媒体报道的焦点。

二、社会效果标准

体育新闻报道对社会有着重要的影响力，报纸负有不可推卸的社会责任，体育新闻编辑应对稿件可能产生的社会效果进行判断，避免负面社会效应的出现。政治标准、经济标准、文化标准、法律标准和道德标准是编辑进行稿件社会效果判断的重要标准。

（一）政治标准

报道应符合党和政府的路线、方针、政策，要服从于国家和人民的整体利益。

案例

2002年足球世界杯，中国队对哥斯达黎加队比赛前夕，《体坛周报》报道了中国队阵容和战术，其中包括了孙继海改打右边锋等重要战术安排。

分析

抢发新闻使球队的竞争对手可提前知道中国队的重要战术安排，容易使中国队在比赛时陷入被动，必要时，媒体利益应让位于国家和人民利益。

报道符合政治标准应注意的问题：

1. 报道应有助于激发读者的爱国热情、加强民族凝聚力，展现积极向上的民族精神

案例链接

1981年至1986年，中国女子排球队在世界杯、世界锦标赛和奥运会上五次蝉联世界冠军，成为世界排球史上第一支“五连冠”队伍。媒体对女排五连冠的宣传、报道，较好地激发了民族自尊心和自豪感，加强了民族凝聚力。

2. 报道应有助于维护国家统一和领土完整

报纸编辑要严格把关涉及港、澳、台等地区体育新闻事实的表述，在报道内容、称谓等方面，严格按照有关规定和要求处理，努力营造“两岸是一家”的舆论氛围，积极推动国家统一的进程。

案例链接

2004年8月27日，中国台北队首次获得奥运金牌，《广州日报》、《北京晚报》等媒体纷纷对此进行了报道，认为这是中华民族的共同骄傲，反映了两岸同喜的激动心情，体现了两岸同胞的血脉相连和密不可分，较好地营造了“两岸是一家”的舆论氛围。

3. 报道应有助于维护社会的安定团结和正常秩序，尊重报道对象

由于体育运动影响广泛，容易引发公众的情感波动，因此体育新闻编辑选稿时，应注意维护社会的安定团结，预测报道可能产生的受众反应，避免刊登煽动受众不良情绪，引起人民群众内部矛盾升级和激化的报道。媒体报道偏重本地运动员无可厚非，但体育编辑在选稿时，应避免宣扬狭隘的民族主义和地方主义思想，在稿件中禁止使用攻击性和侮辱性言辞，应注意发挥媒体的舆论引导功能，疏导体育迷不良情绪，体现对其他国家和地区运动员的尊重，展现良好的体育道德风尚。

案例链接

1985年，刚获得1984年亚洲杯亚军的中国队在主帅曾雪麟率领下第三次向世界杯发起冲击，在亚洲区预赛小组赛中，国足只需在最后一场主场北京对阵香港队的比赛中打平即可获得小组出线权，进入第二轮。在此前的比赛中，国家队战平香港队，受到舆论界批评，当时中国内地舆论走向使本可以保平争胜的中国队被推上必须全力争胜的华山一条路，输不起的畸形心理最终导致了“5.19事件”。比赛结束后，球迷不满国足以1比2的比分输给香港队，引发暴力冲突事件，他们围堵双方球员、砸烂公共设施、袭击外国人，要求与足协领导对话。媒体报道应注意报道的客观公正性和舆论引导，疏导读者不良情绪和引导其正确理解体育精神。

4. 报道应有助于维护民族团结

在涉及少数民族地区体育活动、少数民族体育代表团、运动员等方面的报道时，编辑应谨慎选稿和进行稿件处理，注意尊重少数民族的感情、风俗、习惯。

（二）经济标准

体育报道应有助于促进社会经济有序、良性的发展。媒体应注重对体育产业的宣传、报道，推动其发展、壮大。体育产业已成为我国经济新的增长点，体育市场面对的是数量巨大的消费者，这些消费人群作为体育参与人口，不仅提高了个体的身心健康，对社会整体的和谐发展也发挥着重要作用。”[77]体育产业的发展对于经济发展和社会的全面进步有着重要意义，体育编辑应注意发挥体育报道的商业功能，促进体育经济的良性发展，以更好地满足群众的体育参与需求。

数据连接

1.国家体育总局在2010年全国体育产业工作会议上，发布了第一次中国体育及相关产业专项调查的数据结果[78]：2006年，中国体育及相关产业从业人员256.3万人，实现增加值982.89亿元，占当年GDP的0.46%；2007年中国体育及相关产业从业人员283.74万人，实现增加值1265.23亿元，占当年GDP的0.49%，按可比价比2006年增长22.83%；2008年中国体育及相关产业从业人员为317.09万人，实现增加值1554.97亿元，占当年GDP的0.52%，按可比价比2007年增长16.05%。

2.据国家体育总局公布的《第二次中国群众体育现状调查结果报告》[79]显示，我国16岁以上城乡居民有35%的人参加过一次或一次以上体育活动，比1996年提高0.65%。根据1997年规定的我国体育人口的基本标准（即每周参加体育活动不低于3次，每次活动时间30分钟以上，具有与自身体质和所从事的体育项目相适应的中等或中等以上负荷强度者），2000年我国16岁以上的体育人口达到18.3%，比1996年的15.5%增长了2.8个百分点。我国城乡居民参与体育活动的场所依然以非经营性的体育场所为主，2000年参加体育活动的人中有8.8%的人曾到经营性体育场馆去进行过体育消费，比1996年增长0.2个百分点。

（三）文化标准

体育报道应有助于营造健康向上的文化舆论氛围，引导社会公众形成有助于社会有序、良性发展的精神文化追求，培育公众健康的生活方式、价值观和道德观的养成。报道符合文化标准应注意的问题：

v

---

[77] 毕雪梅，贾静.体育新闻学概论[M]. 北京：北京体育大学出版社，2007：113。

[78] 中国首次体育产业调查数据发布[N]. 人民日报，2010-5-5（8）.

[79] 中国群众体育现状调查结果报告[EB]. http://news.xinhuanet.com/zhengfu/2002-12/10/content_655317.htm，2013-4-10.

1. 传播和弘扬体育精神

体育精神包含了爱国主义、拼搏精神、公平竞争精神和团队精神等内容，奥林匹克精神是体育精神的高度概括，《奥林匹克宪章》提出要创造一种对“以奋斗为乐趣、优秀榜样的教育价值并尊重基本公德原则为基础的生活方式”。体育报道应注重弘扬体育精神，引导公众理解体育精神的本质，体现奥林匹克精神要义——“每一个人都应享有从事体育运动的可能性，而不受任何形式的歧视，并体现相互理解、友谊、团结和公平竞争的奥林匹克精神。”

案例

奥运特刊
人民日报
金牌至上、锦标主义、地方利益侵蚀着体育圣洁的肌体
中国举重“不能承受之重”
周俊、祖尔菲亚和赵常玲
将心高台静如水

图3-10 《人民日报海外版》2012-7-31 4版

分析

《中国举重“不能承受之痛”》一文对金牌至上、锦标主义、地方利益等对体育的侵蚀进行了探讨，有助于读者更好地反思和认识体育精神的实质。某都市报以《中国女举最耻辱一败》为题，对伦敦奥运会女子53公斤级举重赛场上，中国选手周俊三举失利的新闻事实进行了报道，该报道遭到众人谴责的事实也说明公众对“唯金牌论”的不满，反映了公众对体育精神的追求与向往。

2. 张扬人性美好与社会温情，体现人文关怀

体育报道应注重弘扬人性美化与社会温情，体现人文关怀，影响和改变人们的不正确的价值观、社会观和文化观。如媒体对残疾人体育的关注与报道，可以更好地帮助残疾人康复治疗、突破限制与障碍、融入社会，改变人们的刻板成见。

案例

《冠军虽美，请对失利者多一分关爱》（新华社）：希望我们的镜头、版面给失利者多一点人文关怀，少一些对金牌的追逐，早日回归奥运精神的本源。[80]

《上了奥运赛场就不必讳谈金牌》（《新京报》）：金牌本身并无所谓是非对错，勇夺

[80]　冠军虽美，请对失利者多一分关爱[EB]. http://news.xinhuanet.com/sports/2012-07/30/c_123494955_3.htm，2013-4-6.

金牌应该是一个运动员职业生涯的终极目的，但“需要警醒的并不是一块块金牌，而是将金牌孤立起来、乃至将竞技体育与大众体育对立起来的做法。”[81]

分析

以上是吴景彪伦敦奥运失利后媒体发表的相关报道，报道较好地体现了体育精神和人文关怀，较好地起到了舆论引导作用，有助于营造良好的文化舆论氛围。

3. 避免报道的庸俗化和低俗化

报纸编辑选稿应注重讲求娱乐性和趣味性，使读者获得轻松、有趣的阅读感受，但编辑要注意防止过度娱乐化和低俗化的体育报道，着力于营造健康向上的文化舆论氛围。

案例

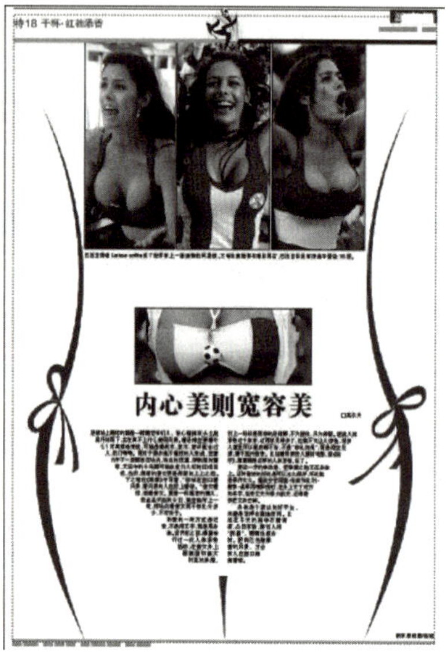
内心美则宽容美

图3-11 《*报》2010-6-26 特18版

分析

图3-11所示的报纸报道所配图片和版面设计过分色情化和低俗化，报纸编辑应以社会效果和公众利益为报道前提。

（四）法律标准

体育报道应符合法律的有关规定，禁止刊登危害国家、社会的新闻报道，避免侵犯公民人格权和著作权等。

新闻报道侵犯公民人格权的主要形式：

1. 侵犯名誉权

名誉权是指公民、法人依法享有应该受到社会公正评价的权利和要求他人不得非法损害

[81] 上了奥运赛场就不必讳谈金牌[N]. 新京报，2012-7-29（2）.

这种公正评价的权利。侵犯名誉权的方式主要有以下两种：（1）诽谤：故意捏造或散布虚假事实损害他人名誉的行为，主要特征为虚假陈述。（2）侮辱：在报道中恶意辱骂或丑化他人。

案例1

中国大陆第一宗体育新闻侵权案：1992年10月9日，羽毛球教练王文教诉记者田某、王某名誉侵权案开庭审理，称被告撰写的《中国体坛国际大走穴》一文，污蔑原告参加了“中国体坛的海外兵团”，造成恶劣影响，侵犯其名誉权，法院判令被告赔偿原告2000元损失费。

案例2

范志毅诉《东方体育日报》侵犯名誉权案：2002年6月16日，《东方体育日报》题为《中哥战传范志毅涉嫌赌球》报道转载了《体坛周报》“某国脚涉嫌赌球”的文章。文章进行排除式分析后指明，涉嫌球员为范志毅。文章同时报道了范本人的否定意见及足协、国家队其他队员的反应，还引用了网友的文章，并注明还将进一步关注此事件。6月17日、19日，《东方体育日报》报道了对范志毅父亲的采访和范志毅本人没有赌球的声明。6月21日，《东方体育日报》以《真相大白：范志毅没有涉嫌赌球》为题报道说，事实表明范志毅没有赌球。法院最后裁定范志毅败诉。

分析

范志毅案第一次认定了体育明星是“公众人物”，法院认为范志毅系中国著名球星，报道涉及的虽是私事，但与公众关注世界杯、关心中国足球相联系，属于社会公众利益的一部分，新闻媒体对社会关注焦点进行调查，行使报道与舆论监督的权力，以期给公众一个明确的说法，并无不当。《东方体育日报》进行了平衡性报道，且真相揭露后，及时予以更正。目前，我国法律并未明确“公众人物”概念，侵犯体育名人名誉权，因当事人非国家工作人员，无法援引《宪法》有关规定，抗辩其有接受批评、建议的义务，因此媒体应谨慎报道。

2. 侵犯隐私权

体育编辑在选稿时，要注意保护报道对象的隐私权。隐私权是指个人有依照法律规定保护自己的隐私不受侵害的权利。公民对于自己与社会公共生活无关的私人事项，有权要求他人不打听、不搜集、不传播，也有权要求新闻媒介不报道、不评论以及不非法获得。如2009年媒体对中国球员孙悦车震事件的报道就侵犯了报道对象的隐私权。表3–1显示了隐私的主要分类：

表3-1　隐私的分类

私人信息	个人姓名、肖像、住址，私人电话；个人储蓄、财产状况；日记、信件、未公开遗嘱等私人文件；个人健康状况和疾病记录；个人社会关系记录；未成年时的犯罪记录；犯罪受害人的受害记录
私人活动	恋爱、婚姻、家庭生活、私人交往等
私人空间	私人场所：住宅、酒店卧室、病房等

法规链接

英国的超级禁令制度[82]

英国法院作出的一种强制性禁令：根据这种禁令，不仅禁止任何人出版那些被申请人认为是机密的或者个人的信息，而且该禁令本身也是不可以被披露的。根据这种禁令，个人、公司甚至政府机构，可以借隐私权、人权及国家安全等理由，向法庭支付一定金额的货币，要求法院针对特定的事件对媒体发出报道禁令。如果报纸对这类信息还进行报道，将被认为是藐视法庭。2006年，查尔斯王子就成功获得法庭禁令，禁止《星期日邮报》发表他的个人日记。曼联足球俱乐部的球员吉格斯性丑闻曝光后，吉格斯也向法院申请超级禁令，意图保护自己的隐私。

3. 侵犯肖像权

新闻报道使用人物照片，无须经本人同意，但报纸编辑仍应注意对公民肖像权的保护。肖像权，指的是公民个人对于再现自己形象享有的专有权，构成侵犯肖像权的要件有两个：一是未经本人同意，二是以盈利为目的。[83]公民有权禁止他人对自己的肖像进行毁损、玷污、丑化和歪曲。

案例

图3-12 涉及侵犯肖像权的《精品购物指南》封面

分析

刘翔诉《精品购物指南》报社侵犯其肖像权案，法院判定刘翔胜诉，报社使用公众人物新闻照片做新闻报道，无须经本人同意，但封面的整体视觉效果令公众产生“刘翔在为中友公司做广告”的误解，报社使用刘翔肖像时违反广告法，满足了侵犯肖像权的两个要件：未经本人同意和以盈利为目的，构成侵权。

[82] 秦绪栋.英国的超级禁令制度[EB]. http://www.chinacourt.org/article/detail/2012/07/id/537447.shtml,2013-4-20.

[83] 张西明.新闻与法：媒体法律问题手册[M]. 广州：广州出版社，2001：115-116.

（五）道德标准

新闻稿件应符合社会的道德要求，遵守体育新闻工作者的职业道德要求。

资料链接

《新闻的专业原则》[84]

1.真实、准确的原则

1.1竭力寻找事实真相，不策划、制造事实或推动事实的发展。

1.2准确叙述事实，不夸大其辞、杜撰事实、对事实进行文学想象。

1.3呈现并核实事实的细节，但这些细节不能侵犯公民的隐私权和未成年人的权益。

1.4尽可能明确交代消息来源，以直接引语的形式再现当事人的陈述或观点，或按照其原意进行概括。因保护消息来源而隐匿其姓名或身份时，传媒有责任对消息来源进行核查和保密。

案例

《熊倪教练：全运跳水金牌归属竟由周继红决定》

马鸣（化名），55岁，湖南跳水队原总教练，熊倪启蒙教练，熊倪跳水学校原校长，国家A级裁判，本届全运会跳水裁判，已先后参加五届全运会的跳水裁判工作，多次在国际跳水比赛中执法。……

分析

该新闻报道在文章的一开始，明确表示消息提供者马鸣为化名，由此，我们可以认为报道者本意是不想透露消息来源的身份，但报道对人物身份特征和相关经历的介绍，消息来源的身份存在极大的曝光风险。编辑首先要保护匿名者，确保匿名的消息来源不会被识别，在此前提下，提供一定的背景信息，增强新闻的可信度。

1.5模拟再现事件情景，需做出明确标示。

1.6对复杂事件进行跟踪报道，以呈现事件的全貌，防止报道的有始无终。

1.7不剽窃、不抄袭其他传媒和新闻从业者的报道。

2.客观、公正的原则

2.1记者只叙述事实，不在消息中对事实以个人口吻加以评论或对事实的性质做出判断。

2.2使用超脱情感的中性词语叙述事实。

2.3引述记者以外的观点、意见和评论时，与自身的叙述明确分开。

2.4平衡呈现事件所涉各方的事实和观点，不使用片面的消息来源。

[84] 陈力丹、周俊.新闻的专业原则[J]. 青年记者,2012,1.

案例

Sports 体育新闻

要闻 A19

广州马拉松又一选手去世

死者仅25岁，比赛中昏厥倒地，经8天治疗后于昨晨离世；据统计比赛中有1517人次出现不适

家属认为组委会有过失

组委会否认延误治疗

新指视

图3-13《新京报》2012-12-2 A13版

分析

报道《广州马拉松又一选手去世》对当事双方（死者家属和组委会）的不同意见都进行了呈现，符合客观、公正与平衡的报道原则。

时效的原则

第一时间报道事实，不拖延或隐瞒，除非有合乎法律和新闻职业道德的理由。

4.自主的原则

新闻从业者与所报道的人或组织保持适当距离，不与其发生经济利益关联。

4.1谢绝报道对象的馈赠、免费旅游等（小额的象征性礼品除外）。

4.2不参加可能影响职业行为的活动，不从事与新闻报道无关的兼职。

4.3明确区分广告和新闻，报道中不出现模糊两者界限的内容。

4.4若无法避免这类利益关联，在报道中予以说明。

新闻链接

《21世纪经济报道某主编兼地产公司独董 外界质疑其操守》[85]

7月4日，新浪微博认证财经媒体人罗昌平发布微博称融创中国（融创是一家住宅及商业地产开发企业）任命《21世纪经济报道》地产版主编袁仁标（@袁一泓）为独立非执行董事及薪酬委员会委员。

而新浪微博认证中山大学传播与设计学院副教授、中山大学全媒体研究院秘书长张志安称房产记者当房产公司独立董事，会有利益冲突。比如这家公司若有丑闻，@21世纪经济报道 还能独立公正报道么？引发业界对地产新闻总监兼职地产公司独立董事是否需要避嫌或是否涉及有违行业伦理和规范的声讨。

@张志安：《美国财经编辑记者行为守则》中有规定，“避免利益冲突出现，切勿滥用媒体权力，必须成为我们在生活中的各个方面都要谨守的原则。”@财新传媒 则补充规定：“全职员工，在行业组织和学术机构的兼职活动，不能与本职工作产生角色和利益冲突，且须报编辑部认可。”……

[85] 21世纪经济报道某主编兼地产公司独董 外界质疑其操守[EB]. http://news.21cn.com/hot/social/2012/07/06/12300541.shtml，2013-4-22.

三、媒介适宜性标准

在对稿件的新闻价值和社会效果进行分析和判断后，体育新闻编辑还应结合现实情况和媒介自身特点，选择适宜的新闻稿件，媒介适宜性标准需要考虑的因素包括报纸稿件特点、体育新闻稿件特点、报纸定位等。

（一）报纸稿件特点

1. 稿件注重信息的广度和深度

读者已不仅仅满足于获知新近变动的体育新闻事实，还希望媒介能围绕新闻事件或社会现象提供尽可能全面、详尽的背景资料，解释其产生的原因，分析其可能带来的影响，并预测其发展的趋向。由于网络等新兴媒体及时、快捷的信息传播，受众已经在第一时间获知赛果等新近发生或正在发生的体育新闻事实的基本情况，时效性相比网络较弱的报纸选稿应淡化赛事消息类内容，必须致力于告诉读者新闻背后的故事，对事件进行全面、深度、专业的解读和分析，避免报道内容的同质化，注重独家信息采集和选取独特视角。注重对新闻背景与内幕的解读，在报道策划、报道角度和报道形式等方面下功夫，加强人物深度访谈、赛事背景分析、预测性报道、新闻评论等深度和解释性报道，弥补互联网快餐式传播的不足。同时，地方性报纸应加大对本地运动员的关注和报道力度，使报道呈现出较强的地方特色，体现报道的接近性原则，着力传播本地读者需要的体育信息，强化报道对本地读者的服务功能。

案例

A28 赛场

Sports 体育新闻

周挺替身力保国安不败

1比1战平人和，本赛季联赛未吃败仗，最近3个主场未能取胜

改打边后卫 腾龙建奇功

停赛不停课 周挺教踢球

杨昊深陷射 回报京骂声

图3-14 《新京报》2013-4-20 A28版

分析

《新京报》是一份立足于北京的都市类报纸，《周挺替身力保国安不败》一文对北京国安4月19日结束的比赛进行了较为全面和深入的报道，不仅报道了赛况，也着力于报道赛场外读者感兴趣的事实，并对国安近期表现进行了较为专业和独到的分析，较好地满足了本地读者的信息需求，体现了报道的广度与深度。

2. 新闻体裁以消息为主，兼顾其他报道体裁

报纸的主要职能是报道新闻事实，消息是以简练的语言文字迅速传播新近发生事实的新闻体裁，报纸的体裁以消息为主，并结合深度报道、新闻评论、图片新闻、知识资料等报道形式，力求全面、深入地对新闻事实进行报道。

3. 报道形式以文字为主，辅以图片报道

案例

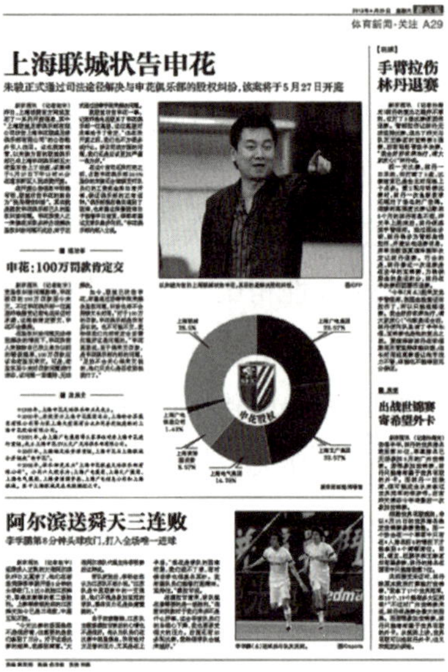
体育新闻·关注 A29

上海联城状告申花

朱骏正式通过司法途径解决与申花俱乐部的股权纠纷，该案将于5月27日开庭

申花：100万罚款肯定交

阿尔滨送舜天三连败

手臂拉伤 林丹退赛

出战世锦赛 寄希望外卡

图3-15 《新京报》2013-4-20 A29版

分析

报道《上海联城状告申花》以消息为主，辅以知识资料，并结合新闻图片、统计图表，对朱骏正式通过司法途径解决与申花俱乐部的股权纠纷的新闻事实进行了报道，消息有助于读者获知新近发生的新闻事实，上海申花、上海联城相关知识资料的介绍，有助于读者了解新闻事件的背景，图片和图表形象生动地呈现了相关的新闻信息。

4. 稿件选择受到截稿时间和版面容量限制

报纸选稿有定时和定量的要求，报纸编辑应力求报道的时效性，并根据当期版面稿件的总体情况进行比较、权衡，根据稿件的轻重缓急、均衡协调等原则，确定最终的选用稿件。

案例

《体坛周报》截稿时间为清样前半小时（凌晨2-3点）。

分析

体育比赛常常在国外举行，与国内有时差，日报的截稿时间为凌晨1点钟左右，《体坛周报》延长截稿时间能够更好地争取及时报道比赛消息。

（二）体育新闻的稿件特点

1. 以竞技体育报道为主，注意对群众体育的均衡报道

目前，报纸体育新闻的报道内容以竞技体育为主，尤其是专业性的体育报纸基本都为竞

技体育报道，竞技体育活动因为竞技水平高、赛事的观赏性强等成为体育新闻受众关注的焦点。报纸应注意对群众体育的均衡报道，尤其是以普通市民为目标读者的都市类报纸的体育版应加大对群众体育报道的力度，这是报纸社会功能实现的必然需要，也是重要性、接近性等新闻价值要素的体现。

2. 以赛事报道为主

体育赛事具有激烈的对抗性和突出的欣赏性，是体育新闻受众关注的焦点，目前体育新闻的报道以赛事报道为主，由于赛事在发生时间、地点、技术规则等方面具有规定性和周期性，编辑除了要重视赛事新闻报道的预先策划外，还应当对稿件的专业性、创新性等问题予以重视。报纸编辑应注重对赛事报道的全面、深入的报道，不仅要报道比赛中发生的事情与赛果，而且要报道球员转会情况、球场暴力等赛场内外情况。

3. 报道专业性强

体育报道受众大多是体育迷，他们对自己喜欢或关注的项目、运动队和体育明星较为熟悉，体育项目及相关赛事有着自身的规律和规则，报道应具有较强的专业性，低级的专业错误会损害报纸在体育迷心中的形象。但综合性报纸的体育版在报道时，应注意考虑报纸读者中非体育迷的阅读需要。

4. 报道趣味性、娱乐性强

大众阅读体育新闻的主要目的是为了满足其休闲娱乐的需要，体育新闻稿件的报道内容、报道语言、报道形式、版面编排等应更讲求趣味性和娱乐性。

5. 报道国际性强

与其他类型的报道相比，体育新闻事件的发生地及报道对象有更强的国际性，体育运动的全球化特征决定了现代体育新闻的全球共享性。奥运会、足球世界杯等全球性重大赛事，美国NBA职业篮球赛、欧洲五大足球联赛等都是全世界球迷喜欢的体育赛事，詹姆斯、贝克汉姆、梅西等深受球迷喜欢的国际体育明星是体育新闻报道的重要对象。《体坛周报》的国外报道占所有报道的1/2以上。

（三）报纸的编辑方针

报纸体育编辑在进行稿件选择时，应考虑所在报纸的编辑方针，使新闻稿件与报纸的目标读者定位、报道内容定位、报道水准定位和报道风格定位相符。

1. 目标读者定位

读者地域性不同的报纸，报道面和稿件选择的侧重点不同。以全国读者为定位的报纸要注意新闻覆盖面的广泛性和均衡性，考虑不同地域读者的信息需求。以当地读者为目标读者的报纸在选稿时应聚焦于本地读者的兴趣和口味，侧重于为本地读者提供他们喜欢或关注的体育信息。

数据链接[86]

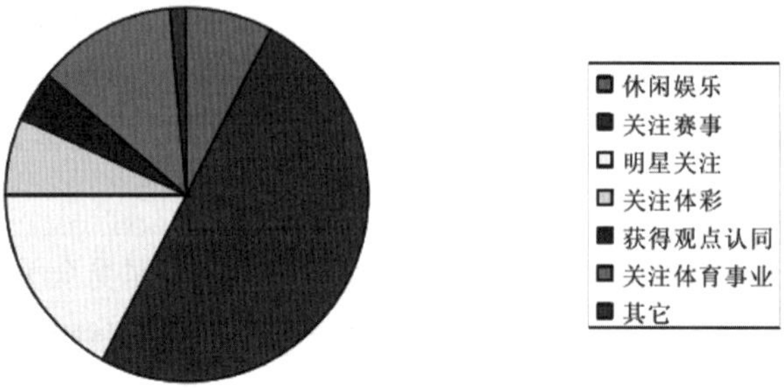

图3-16 武汉体育新闻受众关注的体育内容

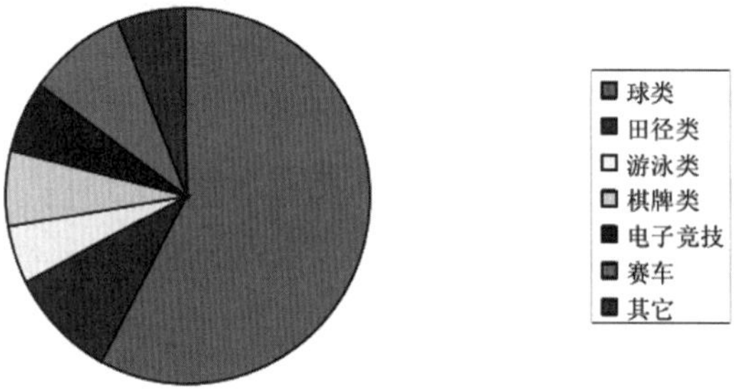

图3-17 武汉体育新闻受众关注的体育项目

说明

“关注赛事”为武汉地区体育新闻受众关注内容的首选，人数占被调查者的50%。其次为“明星关注”，约占20%。其后依次为“关注体育事业发展”、“关注体彩”、“休闲娱乐”等。球类赛事为受众最关注比赛项目，人数比例接近60%。其次为田径类，9.6%；赛车，8.8%；棋牌类6.7%；电子竞技类6.1%等。报纸编辑在稿件选择时，应注重对目标读者信息需求的满足。

读者对体育了解的认识程度不同，新闻稿件选择不同。专业性体育报纸的目标读者为体育迷，编辑所选择的稿件报道专业性较强，以满足体育迷的信息需求，综合性报纸体育版的稿件选择则要兼顾非体育迷读者的信息需求。

2. 报道内容定位

报纸体育新闻报道承载的主要社会功能不同，其稿件内容的侧重点也会不同，《人民日报》体育版强调舆论引导功能，其稿件选择会更加强调体育新闻评论。《体坛周报》注重信息告知功能的实现，报纸内容选择会强调体育信息的及时报道和专业解读。

综合性报纸体育版和综合性体育报报道项目更为全面，专项性体育报一般以某一类体育项目为报道对象的报纸，如《篮球先锋报》在稿件选择时，会强调专项特征与报道的专业性和深度，以满足篮球迷的信息需求。

[86] 刘道彩. 武汉体育报纸受众分析及对策研究[D]. 武汉：武汉体育学院硕士学位论文，2007.

资料链接

表3-2　国外报业市场体育报道内容定位[87]

分类	目标受众	体育报道内容定位	媒体代表
大报：处于高端报业市场的严肃性报纸	有较好教育背景的，从事专业管理工作并因此具有较高可自由支配收入的人群	对发行地区最大众化的体育项目进行广泛报道，比其他报纸在富人们喜闻乐见的运动项目如高尔夫球、网球、壁球或划船等新闻给予更多关注。	英国：《卫报》、《泰晤士报》 美国：《纽约时报》、《华盛顿邮报》 澳大利亚：《墨尔本时代报》、《澳大利亚人报》 印度：《印度时报》
中端报业市场小报	社会经济结构处于中下层，具有平均收入水平，大多没接受过学位教育，对政治、经济感兴趣，对低端市场小报的稚气、轻浮丧失兴趣	大部分内容是关于最受欢迎的大众体育项目，经常把报道重点倾向于中老年人喜欢和有时间从事的体育运动项目，如保龄球赛或国际板球锦标赛等。女性关注的运动项目，如温布尔登网球赛或妇女节举行的阿斯科特赛马大赛，也会有拓展性报道，集中于时尚等体育外围活动。	英国：《快报》、《邮报》及星期日版
低端报业市场小报	工薪阶层，通常为年轻受众（占人口的绝大部分，具有最大销售量）	将性和名人的新闻价值看得比严肃和重大的事件等更重要，报道通常短小犀利，常常以名人为报道基础，用简单的词语和不复杂的语法撰写，保证受教育程度最低的读者也能读。报道范围偏向最受欢迎的运动项目，如英国和爱尔兰的足球，美国的棒球和美式橄榄球，印度和巴基斯坦的板球等。典型的工薪阶层体育鲜明，如拳击、飞镖、斯诺克台球和赛马等。小众的项目只有在比赛特别重大时才报道，强调强烈的爱国主义价值观，在国际赛场表现出色的运动员和队伍会突然成为兴趣的中心。	英国：《镜报》、《太阳报》、《每日星报》 苏格兰：《每日记录报》 美国：《纽约邮报》
地区性和地方性报纸	特定地理区域的读者，设法吸引各个社会经济阶层的人群，并定位于中端和低端市场之间的某个位置	依靠引人注目的地方性报道吸引读者，支持地方运动员和运动队，最受欢迎的体育项目为主，以及当地人喜欢的项目，即使全国很少有人喜欢的项目，如果当地运动员或运动队表现出色，也会获得突出报道。	

3. 报道水准定位

体育编辑所选择的新闻稿件所达到的思想、文化和专业技术水平与报纸编辑方针设定的报道水准要求一致。

案例链接

《体坛周报》力求对体育进行全面、准确、专业、权威的报道，报纸编辑对新闻的真实性往往会进行认真核实，如出现假新闻，会给予相关责任人极重的处罚，不走娱乐化路线，球员泡吧等花边新闻新闻不会放在头版或前面几版。

[87]　【英】菲尔•安德鲁斯著，周黎明译.体育新闻从入门到精通[M].北京：中国人民大学出版社，2010：15-18.

4. 报道风格定位

机关报体育稿件报道风格较为庄重和严肃，如《人民日报》（中共中央机关报）、《中国体育报》（国家体育总局机关报）。商业性强的报纸体育报道语言和风格更追求大众化，内容偏重可读性与趣味性，如《北京晚报》体育版、《东方体育日报》。

案例链接

《新京报》强调有立场的体育，其新闻力求通过新闻事件探寻背后的产业背景，表达人文关怀。不单纯的关注比赛，也关注比赛后面的很多东西，致力于原创新闻而非资料整合。稿件选择力求体现人文色彩、专业意识和品质诉求，报道观点鲜明、力求深入、有见地，报道语言和报道形式较为大气、雅致，并力求创新。

思考与练习

1.选择一份报纸，分析体育新闻稿件的主要来源。

2.体育新闻稿件组织的注意事项。

3.选择一份报纸，分析体育新闻稿件选择的新闻价值标准。

4.思考体育新闻稿件如何确保报道的社会效果。

5.对比不同报纸，分析体育新闻稿件选择的媒介适宜性标准。

6.根据上章确定的新闻策划选题，练习体育稿件选择的具体操作。

第四章 体育新闻图片的选择和编辑

本章提示

体育新闻图片是以直观形象的图片和简要文字说明来传播体育信息的报道载体。新闻图片可以真实、有效、形象地传递新闻信息，有助于满足读者快速、方便、追求视觉和感官享受的信息阅读需求和开发潜在受众，增强报道的趣味性和欣赏性，内涵丰富、有感染力的新闻图片能最大可能地唤起读者情感，并起到美化版面、吸引读者注意的功能。新闻报道者历来重视新闻摄影，因为这有助于媒体获得优秀的新闻图片，但业界对于图片编辑却经历了由轻视、忽视到理解和重视的转变，美国著名新闻摄影教育家肯尼斯•考伯拉（Kenneth Kobre）在《报道摄影：专业化的探讨》一书中指出："有效地报道摄影始于图片编辑，而不是摄影记者。"对于体育新闻报道而言，新闻图片的作用和地位尤为重要，是否能够有效地对新闻图片进行选择和编辑，这是图片作用能否在报道中顺利实现的重要前提，也是体育新闻编辑的工作要求。

学习目标

1.了解体育新闻图片的种类
2.了解体育新闻图片的刊发方式
3．掌握体育新闻图片的选择编辑的具体操作

第一节　体育新闻图片概述

本节要点

体育新闻图片的种类

体育新闻图片的刊发方式

一、体育新闻图片的种类

体育新闻图片是通过视觉手段来传达体育新闻信息的新闻报道方式，种类主要有照片、图示、图画和图释等。

（一）照片

照片是指用照相机拍摄画面来传递新闻信息的图片形式，分为新闻照片和非新闻照片。

1. 新闻照片

新闻照片以图片形式形象地再现新闻发生现场，是报纸使用最多的体育新闻图片形式，“以图为证”，增强了新闻报道的可信度。

2. 非新闻照片

又称为资料照片，非新闻报道现场所照的照片。图4-1为陈镜开逝世的新闻版面，所配照片为非新闻照片。

案例

A28
体育·精读
开国第一举"落下，从此与鲜花相伴
新中国第一个打破世界纪录的著名举重运动员陈镜开昨日病逝，享年75岁
一"举"洗掉东亚病夫耻辱
乐观低调，以买花为乐

图4-1 《南方都市报》2010-12-7 A28版

（二）图示

用图形来呈现和传递新闻信息的图片形式。包括统计图表、示意图和新闻地图等形式。

1. 统计图表

将统计数字以更为直观的图表呈现的新闻图片形式，便于读者清晰获知新闻信息。

案例

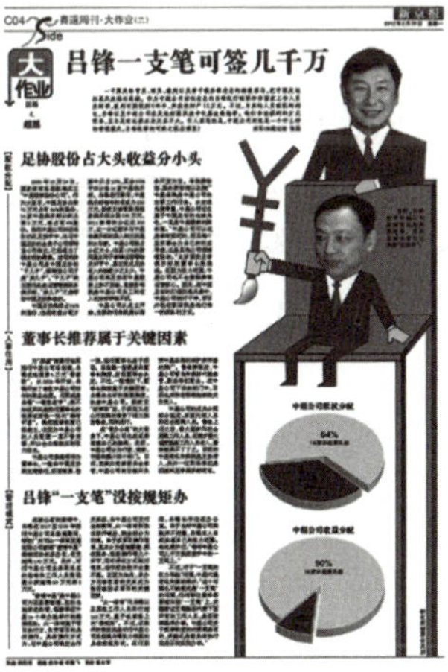
C04 Side 青运周刊·大作业(二)
新京报
大作业
吕锋一支笔可签几千万
足协股份占大头收益分小头
董事长推荐属于关键因素
吕锋"一支笔"没按规矩办

图4-1 《新京报》2012-2-20 C04版

分析

两张饼状统计图表的对比使报纸读者一目了然地发现中超公司股权分配和收益分配的不均衡。

2. 示意图

指用形象化的手法和画面再现新闻现场的图片形式。在体育报道中，采用示意图再现新闻现场可一定程度弥补报纸仅能用静态文字和图片呈现新闻的劣势，直观、简明的图片形式，可使读者更为形象、便利地获取新闻信息。

案例

进攻路线
进球
西班牙2-0胜洪都拉斯
A29
非常世界杯

图4-2 《三湘都市报》2010-6-23 A29版

分析

报道《葫芦娃，很锋骚》所配发的进球示意图，使读者可直观、形象地了解西班牙球员比利亚进球的过程。

分析

3. 新闻地图

指通过地图的形式传播新闻信息的图片形式，地图的绘制必须严格按地图原来的比例来表明地理位置。

案例

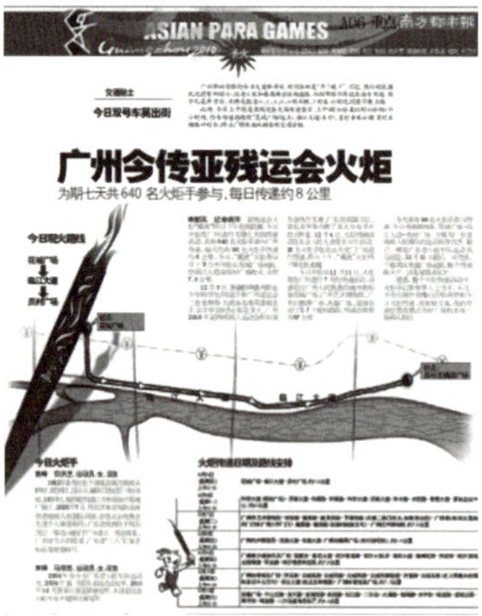
ASIAN PARA GAMES
A06
南方都市报
今日双号车莫出街
广州今传亚残运会火炬
为期七天共640名火炬手参与，每日传递约8公里
今日火炬手
火炬传递日期及路线安排

图4-3 《南方都市报》2010-12-5 A06版

分析

报道《广州今传亚残运会火炬》所配发的新闻图片采用新闻地图形式，读者可较为直观地获知火炬传递路线的具体情况。

（三）图画

用线条、色彩描绘出来的图像来呈现和传递新闻信息的图片形式。包括新闻漫画、新闻素描等。

1. 新闻漫画

用简单而夸张的手法来描绘新闻信息的图画，运用变形、比拟、象征、暗示、影射等方法，构成幽默诙谐的画面，能够有趣或夸张地再现新闻或表达报道者的意见和倾向。

案例

竞报　5　调查

体育教师该如何自保？

体育教师建议应细化责任　北京市教委表示　要建立学校体育安全风险管理体系　理清责任　加大保险理赔力度

免责是保证高效体育课的动力

对体育教师不能"一棍子打死"

图4-4 《竞报》2013-2-21　5版

分析

报道《体育教师该如何自保？》所配发的新闻图片采用新闻漫画形式，报纸读者在一笑而过之余留下深深的思考。

2. 新闻素描

素描原本指单纯用线条描写.不加彩色的画，如铅笔画、木炭画、毛笔画等。新闻素描是指以现实的新闻人物和事物为对象的素描创作呈现和传递新闻信息的图片形式。

案例

旧时王谢堂前燕
飞入寻常申花家

图4-5 《新京报》2012-3-5 C02版

分析

版面左上角所配的新闻图片为新闻素描，简单的人物线条勾勒，使版面更具艺术感，也体现了《新京报》追求大气、简约、雅致的报道风格。

（四）图释

指不直接传播新闻要素信息、通常仅作为版面装饰存在的新闻图片形式。

案例

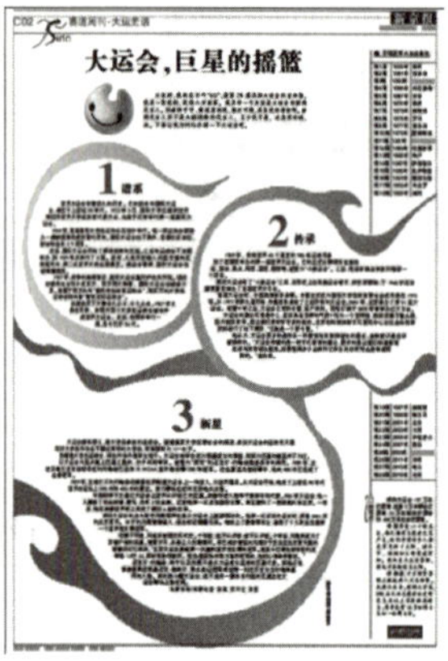
大运会，巨星的摇篮

图4-6《新京报》2011-8-22 C02版

分析

版面以大运会吉祥物UU的身份，介绍了大运会的历史。版面使用图饰，按主题将稿件正文分为三个部分，不仅起到了区分不同稿件内容的作用，也使得版面美观、生动活泼，契合报道主题。

二、体育新闻图片刊发的主要方式

（一）独立编发的新闻图片

以此种刊发方式编发的图片形式，一般称为图片新闻，图片是新闻报道的主体。图4-7的新闻报道为图片新闻——《光荣退役》。

案例链接

光荣退役

图4-7 《新京报》2012-12-6 A29版

（二）配合文字稿件的图片

图片刊发的最主要方式，配合新闻的文字报道，以图传递信息信息。

（三）图片专题

是由围绕着某一新闻主题的两幅或两幅以上图片组成的图片报道形式。图4-8为图片专题报道版面。

案例链接

A30 体育新闻·新闻纵

红白相逢 球迷喜事

明日2:45,欧冠1/8决赛次回合曼联VS皇马,
CCTV-5直播;双方首回合1比1战平

1.005

0.404

图4-8 《新京报》2013-3-5 A30版

（四）图片专栏

指版面位置相对固定、有专门名称的以照片为主，标题和文字说明为辅，以连续、有规律的方式出现的专栏。

案例

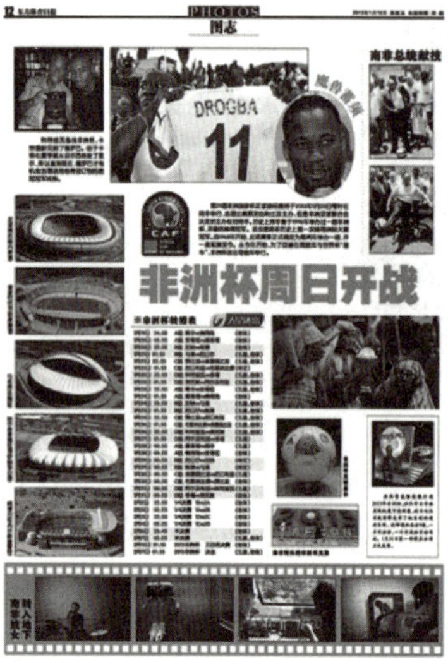

图4-9《东方体育日报》2013-1-18 12版

图4-10《东方体育日报》2013-2-22 12版

分析

图4-9、10为《东方体育日报》的固定图片专栏——《图志》的新闻版面，一般位于报纸的第12版。

（五）图片专版

版面以新闻图片为主的图片刊发方式。图4-11为图片专版。

案例链接

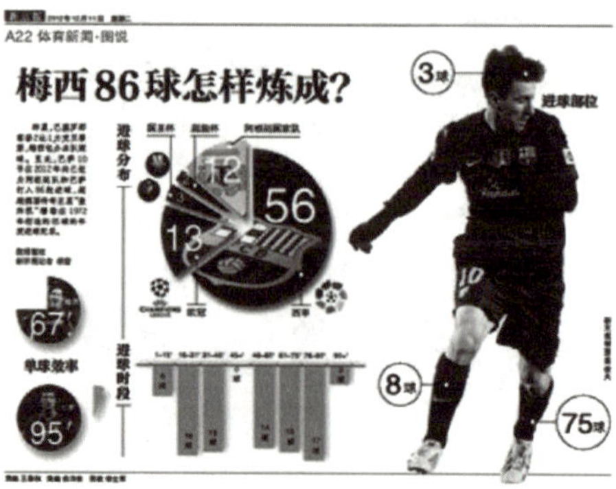

图4-11《新京报》2012-12-11 A22版

第二节　体育新闻图片的选择和编辑

本节要点

体育新闻图片的来源
体育新闻图片的选择
体育新闻图片的编辑

一、体育新闻图片的来源

体育新闻图片来源主要包括本报记者、通讯社、社会投稿、其他媒体。图4-1为《图片编辑手册》一书所列举的国内外重要新闻图片供应机构[88]：

表4-1　重要的新闻图片供应机构

国内	国外
一、新华社摄影部	一、美联社
二、中国特稿社	二、法新社
三、中国新闻社	三、黑星图片社
四、中青图片网	四、Comstock
五、中体在线图文中心	五、联系图片社
六、中国日报在线	六、卡彼斯图片库
七、国务院新闻办公室图片库	七、纪实中国
八、Fotoe	八、ESP体育图片社
九、中国图片库	九、EPA欧洲图片联盟
十、中国图片网	十、伽玛图片社
十一、阳光聚焦图片网	十一、盖获图片库
十二、Phototex在线图片库	十二、Keystone Pressedienst
十三、中国特写图片社	十三、马格南图片社
十四、华商图片网	十四、国家地理图片
十五、华东图片网	十五、Onasia亚洲图片库
十六、超景图片有限公司	十六、Pacific Press Service PPS
十七、北京全景视拓图片公司	十七、Photo Researchers
十八、景象图片库（美景商业图片库）	十八、路透社
十九、中国历史博物馆	十九、Scopefeatures
二十、中国革命博物馆	二十、西帕图片社
二十一、中国军事博物馆	二十一、The Stock Solution
	二十二、时代集团影像
	二十三、VII Photo七图片社
	二十四、德国视觉图片社
	二十五、Zuma

[88]　曾璜、任悦. 图片编辑手册[M]. 北京：中国摄影出版社，2009.

二、体育新闻图片选择

（一）体育新闻图片选择的考虑因素

1. 图片的新闻价值

图片是新闻信息的载体和表现形式，必须具有新闻价值，报纸编辑要善于选取有新闻价值的图片来传递新闻信息。照片使用以新闻照片为主，体现时效性要求。

语录链接

南方周末图片总监李楠谈图片编辑："图片编辑的定位首先是新闻编辑，其次才是图片编辑："必须拥有清醒的新闻头脑，敏锐的新闻嗅觉和过硬的新闻功底，熟悉新闻传播过程的各个环节，包括印刷、广告与发行。当平淡的日常新闻让报道乏味时，他能够深化提炼出崭新的主题，以小见大，以旧翻新，以弱克强，使相同的题材顿时别样摇曳生姿；当重大的报道契机来临时，他能够预先有效策划，由点到面，招招到位，先发制人"。[89]

2. 图片对新闻主题的呈现

图片应与新闻主题相符，并力求表现报道意图，如要表现足球比赛球员进球后的喜悦，最好选用那种能强调人物的姿势和表情的图片，不要选那种人很小，场面背景大的图片。

语录链接

《纽约时报》图片编辑看图片："在为报纸选择图片时，第一要考虑的就是图片是否或怎样地表达了新闻的必要问题：人物、事件、地点、时间和起因。同时，我寻找能够服务于两个主题的照片：关于什么和看起来怎么样。当这两个因素走到一起——内容与形式完美地结合了。然后不同寻常的东西产生了，于是我的工作暂时做完了。"[90]

3. 图片画面的视觉效果

编辑应尽量选择视觉冲击力强、主体清晰突出的图片，图片构图合理、充满张力、画面有层次和立体感。

---

[89] 李楠. 当前图片编辑的四个软肋[EB]. http://blog.voc.com.cn/blog_showone_type_blog_id_113527_p_1.html，2013-4-28.

[90] 纽约时报图片编辑看图片[EB]. http://blog.voc.com.cn/blog_showone_type_blog_id_113493_p_1.html，2013-4-28.

案例

绝地反击 永不言弃

图4-12 《球迷报》2013-5-3 18版

分析

报道所配发的新闻照片具有较强的视觉冲击力、图片主体突出，图片中的人物较好地契合了新闻主题——《绝地反击 永不言弃》。

4. 图片的社会效应

新闻图片的选择和刊发应注意图片可能会造成的社会效应，过于刺激读者大脑神经和心灵、会让读者感到不快的图片刊登应谨慎，注意尊重个人隐私，不发不符合社会公共道德、缺乏人文关怀的图片。

案例

图4-13 《柔道——血染赛场》

图4-14 引发争议的血腥体育照片

分析

新闻图片——《柔道——血染赛场》以含蓄却具冲击力和感染力的画面获得了第52届荷赛奖体育专题类单幅一等奖，图4-14的新闻图片因画面过于血腥引起了媒体和社会公众的争议。

5. 报纸性质与风格

案例

图4-15《现代快报》2012-7-29 B2版

图4-16《现代快报》2012-7-30 A18版

分析

《现代快报》2012年伦敦奥运会特别报道专门有一个版面是以漫画形式的新闻图片来传递与伦敦奥运有关的新闻，版面活泼生动、趣味性强，与该报是面对普通市民的都市类日报的媒介定位相符。

5. 版面情况

编辑选择图片应考虑版面报道整体情况，实现图片价值与良好版面效果的顺利实现。

案例

爆冷杀熟

麦克罗伊惨遭逆转

洛瑞：这并非生死较量

伍兹被好友强行拉下马

膝关节"退行性变" 遇良方 显疗效

图4-17《新京报》2013-2-23 A22版

分析

报道《爆冷杀熟》对埃森哲高尔夫比洞赛首轮比赛麦克罗伊和伍兹两明星爆冷输球的新闻事实进行了报道，报道以两场比赛结果爆冷和比赛双方是好友为报道的主要切入点，两张新闻图片的选择与新闻主题相符，相互配合映衬。

（二）体育新闻图片选择的注意事项

1. 确保图片的真实性、准确性

体育编辑应选择内容及感情表达、呈现真实、自然的新闻图片，注意鉴别虚假、摆拍的新闻图片，确保任何使用数字技术制作的图片不能歪曲事实和误导受众。图片及图片信息应准确无误。

新闻链接

意大利最大体育报纸弄错波兰地图[91]

新华网华沙12月15日体育专电（记者韩梅）据波兰网站15日报道，意大利发行量最大的体育报纸《米兰体育报》在其2012年欧锦赛专刊中将俄罗斯飞地加里宁格勒划为波兰领土，并称波兰的波兹南市和华沙市在格但斯克市附近。该报的错误遭到波兰读者讽刺，称这些意大利人不了解波兰地理。

格但斯克位于波兰北部，距首都华沙350公里，波兹南在波兰中西部，距华沙320公里。

2012年欧洲足球锦标赛由波兰和乌克兰联合主办，双方各出4个举办城市。波兰的主办城市是华沙、格但斯克、波兹南和弗罗茨瓦夫。

2. 考虑照片的相互配合、避免画面重复

同一版面照片应注意整体效果，系列照片或图片专栏编辑、同一主题采用多张新闻照片时，应考虑中景、远景及近景特写镜头配合等问题，人物图片以近景或中景画面为主；报道新闻事件或报道事业发展、成就等的新闻图片，应以中景画面表现形式为主。

案例

体育新闻·集锦 A23

90后崛起正当“时”

四连胜后

时越：胜李世石变自信

图4-18《新京报》2013-2-21　A23版

分析

报道《90后崛起正当“时”》配发了两幅新闻照片，从不同角度对新闻对象进行了呈现，版面上方的新闻图片为中景照片，呈现了比赛时双方对弈的场面，下方新闻图片为获胜的中国棋手时越的近景特写照片。

---

[91] 意大利最大体育报纸弄错波兰地图 [EB]. http://news.xinhuanet.com/sports/2011-12/16/c_122432303.html，2013-5-4.

3. 注重新闻图片的社会效果，注重用图片传播体育的实质和精神追求

语录链接

马克·安德尔森（Mark Edelson）谈新闻图片的选择：“我们尝试使用一些并不显而易见的非常规体育照片，并且用跨页的篇幅去报道一些并不是得冠军或者很著名的运动员，而是去表现“重在参与”的奥运会精神。”[92]

4. 新闻图片与报道主题和情感表达应协调一致

案例

巴斯去世 科比哀悼“伯乐”

图4-19 《*报》2013-2-20 A23版

分析

新闻对湖人老板杰里·巴斯因病去世，科比哀悼“伯乐”的新闻事实进行了报道，新闻所配发的资料图片中众人在微笑，图片所传递的情感与报道应有的情感表达不符。

5. 新闻图片数量应适当

新闻图片数量应适当，报纸篇幅有限，贵精不在多。图片过多，难以突出重点图片。

案例

感谢非洲兄弟

图-20 《*报》2010-9-3 B1版

分析

报道《感谢非洲兄弟》所配发的图片使用不恰当，图版率和图片跳跃率不佳，造成了版面信息量过少、版面编排凌乱和重点图片不突出等问题。

[92] 【美】马克•安德尔森. 图片在报纸版面上的使用[EB]. http://wenku.baidu.com/view/ 8463c101de80d4d8d15a4f33.html，2013-5-6.

6. 图片原稿质量应符合图片制版的技术要求

图像分辨率是图像中每单位打印长度上显示的像素数目，通常用像素/英寸（ppi）表示，一般而言，128ppi以上分辨率的图片可适用于报纸的印刷。

7. 新闻图片的图版率应适当

图版率是指相对于文字，图片占据版面的比例。图片的使用应增加读者阅读兴趣，但不会导致版面信息量过少。

8. 选择合适的图片跳跃率

图片跳跃率指版面中面积最大的图片与面积最小图片的面积比，放大重点图片，形成主次，版面显得更有条理和层次感，图片主次不突出中心，容易导致读者注意力分散。

资料链接

台湾《“中央”日报》图片处理规则[93]

（一）每天每版最好都应该有一副以上的图片，但如果缺乏符合入选条件的图片，则宁缺毋滥。

（二）选用图片，必须依循下列的原则：

1．新闻性

（1）它能够配合某一新闻，而且足以显示该一新闻的重点，使得文字报道更加完美与生动。

（2）它本身就具有新闻构成的要件，即不需要文字的报道，就能充分表示某一新闻的内容。

2．知识性

（1）它能对新发生的重大事件做报道以外的深入解释。

（2）它能介绍或报道某些大众所渴望或乐意知道的更多的新奇事物。

3．艺术性

刊登后能使版面美化，并可吸引读者观赏。

（三）绝对不可采用下列图片：

1．画面丑陋，猥亵，或刊登后可能诱导他人犯罪。

2．足以使他人名誉受到损害。

3．画面所表现的形象，会影响大众心理卫生，如尸体、凶器、凶杀案现场，以及其他恐怖凄惨的动态或场面。

（四）照片如果必须加以修剪时，应注意其完整性及真实性，绝对不可以因修剪而歪曲或改变了它原来所具有的意义。

（五）使用“集锦”方法将数幅照片合成一幅，绝对不可以违反或变更其原来的意义与真实的形象。

（六）新闻人物的照片应力求清晰。

（七）遇有合乎条件的优异图片，必须舍得用篇幅，宁大毋小。

[93] 赵鼎生.比较报纸编辑学M].北京：人民日报出版社，2009：221-222.

（八）编发图片时，先衡量它的重要性与版面的容量，再决定它的面积大小。

（九）如果一版只有一张图片，排列的位置最好是在版面的中央；如果有两张照片，则排列的地位最好是一左一右或一上一下；如果有三张以上的图片，也以作用上下与新闻错综配置为最好。

（十）同一题材而有二张以上的照片必须同时采用时，则应合并排列在版面的左上方，右下方，或边栏旁，可以代替专栏的地位。

二、体育新闻图片的编辑

体育新闻图片的编辑工作主要包括以下六个方面：策划图片专题报道、指挥拍摄新闻照片、剪裁新闻图片、组合新闻图片、制作新闻图片说明和新闻图片标题。

（一）策划图片专题报道

除了做好日常性的新闻图片编辑工作外，编辑可结合读者阅读兴趣和新闻热点，策划适用于用图片为主体进行新闻信息呈现的专题报道。

案例

图4-21~32 “我就想灌篮”系列组照

分析

以上图片是丹麦摄影师Jan Grarup在索马里拍摄的系列组照“我就想灌篮”，选题寓意深刻，2013年2月15日，作品获第56届荷赛体育特写组照一等奖作品。

（二）指挥摄影师拍摄新闻照片

编辑应与摄影师密切沟通，清晰、准确地告知拍摄意图，以获得需要的新闻图片。

语录链接

马克·安德尔森：“就图片故事来说，摄影记者每天拍片回来后，编辑都会来看，会对故事的方向提出建议。对编辑来说，重要的一点是，有时摄影记者可能拍回来非常绝的照片，但编辑需要把故事向前引导，当要把它们放在一张纸上来表现的时候，并不能把所有的照片都用上去。”[94]

《南方都市报》视觉总监王景春：“越是重要的报道，图片编辑的操控越要前移，编辑与记者的思维火花要一起碰撞，必要的时候，编辑与记者一起出现场是得到最佳报道效果的保证。”[95]

（三）剪裁新闻图片

编辑对新闻图片进行适当剪裁，有助于反映编辑思想、突出新闻主题。

1. 新闻图片剪裁的原则

图片形式为图片内容服务，反映编辑思想，主次分明。

2. 新闻图片剪裁涉及的主要工作

（1）修正照片构图

[94] Mark Edelson（马克•安德尔森）讲棕榈滩邮报的图片编辑[EB]. http://wpp.blogbus.com/logs/146834.html，2013-5-6.

[95] 朱颜.图片编辑：多重的“角色扮演”[EB]. http://www.cpanet.cn/cms/html/zixun/yejie/20120904/63247.html，2013-5-6.

剪掉新闻图片与新闻主题无关部分，对图片中新闻主体与新闻背景进行处理，突出新闻图片主体，使读者能迅速抓住新闻重点，产生强烈的印象，但有意义的新闻背景要注意保留，剪裁时要注意摄影美学的应用，确保图片有良好的视觉效果。

（2）确定图片篇幅大小

图片篇幅大小应根据图片的报道价值、照片复杂程度和当天版面情况而定。

（3）确定图片长宽比例

图片长宽比例应根据原始图片和版面编排而定，注意不能使图片变形。

（4）确定图片外形

图片外形一般以矩形图片为主，但可根据需要采取非规则外形的新闻图片。

（四）组合新闻图片

报纸体育编辑可根据新闻图片和版面情况，将不同图片按照一定联系组合编发，如图4-33。

案例链接

PHOTOS
图志
运动de刹那
London 2012

图4-33 《东方体育日报》2013-2-20 12版《运动de刹那》

（五）制作新闻图片说明

图片的文字说明应交代读者应知，但图片本身无法传递的信息以及介绍拍摄者或照片来源，系列照片还应同时制作总说明和分说明，配图文字说明应与图片实质内容一致。

（六）制作新闻图片标题

图片新闻有时会配发新闻图片标题，标题要简洁、准确、生动，单行题居多。

资料链接

表4-2　《华盛顿邮报》图片处理原则[96]

原则	解读
“1. 所有的原始数码图像都必须由数码相机直接下载到图片库以备所需时编辑和回顾。在进行本地传输时，原始文件需存盘。所有用于编辑目的的打印输出都必须来自数码相机的原始文件。”	——像保存底片档案一样，对原始数码图像下载和存档，是确保数码摄影采访新闻摄影信息真实性的一条极其重要的原则。 ——每一位摄影记者或签约摄影师必须做到，不允许拍摄者对原始数码图像文件的数据做任何修改，以确保提供给图片编辑和版面编辑的照片是原始图像信息。 ——在实际中，许多人对原始数码照片的构图、影调、色温、色相、色明度、色彩还原和色彩饱和度等不满意，经常自己动手在Photoshop上修改，这是可以理解的。但是，你要注意：第一，要把修改的照片另存一个文件；第二，提交编辑部时把你修改的文件连同原始数码图像文件一起上交。这是摄影记者和签约摄影师必须做到的。 ——“在进行本地传输时，原始文件需存盘”。我理解，拍摄的数码原始文件不管传输与否，必须及时下载存盘。 ——“所有用于编辑目的的打印输出都必须来自数码相机的原始文件”。这句话是说编辑在选稿过程、编稿过程、排版过程、打印印刷过程中，“都必须”使用来自数码相机的原始文件，以确保照片信息的准确性。 ——“以备所需时编辑和回顾”。“编辑”是指图片编辑或版面编辑对你修改后的照片不满意，需要重新编辑和修改；“回顾”是指编辑要对照原始文件所有信息的核查。 ——每一位图片编辑和版面编辑也必须履行和遵守这条原则，确保原始数码图像资料的完整性和真实性。
“2. 图片应标注清晰的图片说明。”	——“清晰的图片说明”就是新闻的基本要素：5个“W”加一个“H”，即何时、何地、何事、何人、何故、如何。 ——这个问题看起来特简单，可是，无论摄影记者，还是图片编辑，抑或是版面编辑，“应标注”的往往没有标注；该“清晰”的常常不清晰。
“3. 读者认为图片应当是对事件的真实记录，我们决不能背叛这种信任。纪实照片的完整性具有最高优先权，纪实照片边框内的所有内容都不能改变，包括改变背景，增加颜色，制造图片蒙太奇或者拼接图片。不能对图片中的内容做任何的增减，这意味着即使是一只手或者一根树枝出现在图片中的不合适的位置，我们也不能去掉他。”	——“读者认为图片应当是对事件的真实记录”：新闻学关于新闻的定义有几种说法，大多数人更愿意接受“新闻是新近发生的事实的报道”②。根据这个定义，作为报道摄影的新闻图片，也是对新近发生的事实的真实记录和报道。 ——记者是什么？记者是新闻事件的记录者和传播报道者。记者有权采访新闻事件的瞬间、片断和全部过程，通过报道传播给大众，形成社会舆论比并以社会舆论促进或者推动社会问题和矛盾的解决。但是，记者无权改变新闻事件的全部、片断和每一个瞬间的事实。对于摄影记者来说，就是无权改变新闻照片中的每一个细节新闻信息。 ——“纪实照片的完整性具有最高优先权”：这里的“纪实照片”就是特指作为报道的新闻摄影；新闻照片原始图像的“完整性”是至高至上的、神圣的、不可侵犯的。 ——“纪实照片边框内的所有内容都不能改变”：任何人不能对图片中的内容做任何的增减，尤其是不能“制造图片蒙太奇或者拼接图片”，以确保新闻照片的原始信息。

[96]　许林.解读《华盛顿邮报》图片处理15条“军规”[EB]. http://media.people.com.cn/GB/40628/3882523.html,2013-5-6.

“4. 摄影记者不能对新闻事件进行设置、重现、导演或者采取其他人为行为干扰新闻事实。”	——不能策划新闻； ——不能人为地干扰、摆布、导演正在发生着是新闻事实； ——不能在新闻事实过后再重新演习、摆拍； ——不能摆拍。
“5. 报纸的任务是刊发纪实图片，导演现场只在下列状况下被允许：肖像摄影、时尚或室内设计摄影、工作室摄影，这些照片在使用时必须加以区别，其图像不能给人以纪实照片的错觉，一般情况下，这些照片在使用时应做文字说明。比如某人是为了被拍照而在现场工作，则图片说明不能是‘某人正在办公室工作’。”	——新闻人物的肖像照、文体明星的时尚照、室内设计照等允许现场“导演”。 ——“这些照片在使用时必须加以区别，其图像不能给人以纪实照片的错觉”：这句话的意思是：这些照片不能作为新闻照片来使用，不能让读者产生是新闻照片的错觉。 ——新闻人物肖像照“使用时应做文字说明”：比如写作“某人是为了被拍照而在现场工作”，不能写作“某人正在办公室工作”，以此区别于在现场抓取的新闻照片。
“6. 纪实照片应尽量减少侧面影像的图片的使用，这些图片容易造成特征性元素的缺失。”	——既然是“减少”，就不是不允许，不能绝对化。 ——但是作为新闻照片，确实应当注意对影像“特征元素”的表现，尽量不要造成缺失现象。
“7. 纪实照片不得被拉伸、变形以适应版面需要。”	——新闻照片不是哈哈镜，不能随意变形。有的编辑看到版面空一块，为了不改排文字，图省事把照片拉长或是压扁，使照片变形，借以填补空白。 首先，这样做违背了新闻摄影的真实性原则，他们在做变形处理的同时，把被报道对象的真实、客观的形象也改变了。 其次，这种版面处理还涉及四个问题：一是照片中人物形象被歪曲了，不尊重被报道对象；二是摄影作者作品的完整性被破坏了；三是读者一般不会认为是图制作得不好，而会责怪摄影者拍得不好，作者的名誉权也被损害；四是从美学角度来看，随意把人物形象拉长或压扁，在多数情况下，扭曲了正常的人体结构，丑化了人类自己。 新闻照片一般不存在侵犯肖像权问题。但是，使用新闻照片时改变了被报道者的形象，是不是侵犯了被报道者的肖像权呢？
“8. 应减少标题压图片的用法，如使用则必须与摄影者和图片编辑共同论证。”	——“应减少标题压图片的用法”：这里说的是“减少”，不是不能使用。 ——“如使用则必须与摄影者和图片编辑共同论证”：这里有两层含义：①强调尊重摄影者作品的完整性；②使用压题图片时，是否对图片的基本信息构成了伤害？需要论证。这个论证，除了需要论证可行性，还要论证不可行性。 ——压题图片是一种标题与图片的版面组合，是一种版面手段。标题字压在图片的什么部位，才能达到既突出整体新闻，又美化版面；同时，又不会破坏图片的基本信息？这些都需要论证和正确的设计。
“9. 数字图像改造技术的使用必须明显地显示出其虚构性。如果必须使用图片说明才能让读者明白此图片经过了数字技术的处理，那么这张图片不能被采用。”	——这是说制作数码照片一定要在视觉上有明显的符号特征，要让读者不用看文字说明，只要看照片本身就可以明白是经过数字处理过的图片。

“10. 可以创造性地使用照片图示来表达编辑思想。照片图示一般不使用纪实照片。照片图示的制作必须会同摄影者本人、图片编辑、文字编辑、美术设计，使用的手法必须明显或者夸张，以避免读者误认为其为纪实照片。这种方法使用时必须得到新闻美术总监或其助理编辑的同意。”	——“照片图示”：这是一个好办法，也为版面选择和使用图片开通了一片新天地，增加了一个新的、强大的图片品种。 ——“照片图示一般不使用纪实照片”：这句话在强调图示图片与新闻照片之间的区别，一般情况下不使用新闻照片，而使用那些新闻性不强或者没有新闻信息的照片。这种照片一般可以作为插图照片使用。 ——“必须明显或者夸张”：这句话说明两点：①在视觉符号上与新闻照片的区别必须是明显的；②画面形象应当是夸张的，而不是纪实的。 ——“必须得到新闻美术总监或其助理编辑的同意”：这句话是在说图示的美术设计很重要。当编辑要用作者拍的一张照片做图示使用时，应当而且必须得到美术总监或美术总监助理编辑的同意，才能进行。这里强调的是团队协作精神，是WED工作模式——写作、编辑、设计三合一概念：图文总体设计。
“11. 应读者需要刊登的从读者那里获得的有关婚礼、讣告等的图片不能做任何改动。比如，讣告图片必须与原图保持一致，重现性是最重要的。”	——这是指应读者要求的有约定性的图片，要尊重读者意愿，保持图片信息的“重现性”。
“12. 允许为了使图片有更好的效果而对于锐度和对比度的一般性调整。为了增加清晰度和精确度而对色彩或灰度进行的调整必须被限制到最小程度。”	
“13. 可以通过加光或者减光改善图片的技术质量，可以使用数码技术修补照片中由于过多的灰尘和其他非人为因素造成的图片缺损。”	——“允许为了使图片有更好的效果而对于锐度和对比度的一般性调整”：这里讲的是“一般性调整”。 ——“加光或者减光”：如同在暗房放大时对影调的调整。 ——“其他非人为因素”：比如照片划痕，冲洗放大过程中由于药水和镜头有杂物造成照片出现的脏点等。 ——在电脑上能不能修改新闻照片？修改新闻照片有没有底线？ ①能修改。 就像我们过去在暗房中冲洗放大照片一样，除用药水冲洗之外，电脑可以担当起传统暗房的全部工作。另外，在编辑、制版过程中，编辑也可以对照片做一些局部的修改和调整，例如：对影调、色彩、剪裁等的局部处理。 我所说的“局部的修改和调整”，与“一般性调整”大体相同。 ②修改有底线。 这里需要注意的是，所谓“局部”，是指对照片基本影像信息不构成伤害的修改。 例如： ——没有改变照片中影像主体形象的真实性； ——没有改变照片中影像信息的结构和布局； ——没有对影像进行变形处理； ——没有张冠李戴的“换头术”； ——没有移花接木的集锦，等等。 一句话，在不违背新闻真实性包括影像信息真实性原则基础上的修改，就是电脑修改新闻照片的底线。
“14. 美术总监，责任编辑和编辑部应当对有疑点的图片及时作出质疑，必要时总编辑应参与决策。”	——使用图片要高度负责，对有疑点的照片，要行使把关人的职权，把住出口，不让有问题的照片传播出去。
“15. 所有在本报刊登过的照片在参加摄影比赛时都必须遵照本报图片处理原则，依照原始图片加以调整。”	——“依照原始图片加以调整”：即使是参加比赛的照片，也还是以不破坏原始照片的基本新闻信息为尺度进行调整。

思考与练习

1.体育新闻图片的种类?

2.选择一份报纸，分析其体育新闻图片的使用。

3.针对上章选好的新闻稿件，练习新闻图片的选择和编辑。

第五章 体育新闻稿件修改

本章提示

“一个好的编辑不是看他‘枪毙’了多少稿件，而是看他‘救活’了多少稿件。”稿件修改是编辑最为常规的业务工作，是编辑对新闻稿件进行再创作的二次劳动过程，称职的体育新闻编辑不仅需要火眼金睛，也应该是一位能点石成金的稿件加工者，不到位的稿件修改不仅有可能导致画蛇添足，甚至会点金成铁。编辑应综合运用各种稿件修改方法，对稿件进行准确而恰当好处的加工和润色，在努力做到确保新闻时效性和尊重作者的同时，最大限度地挖掘新闻稿件的潜力，使其获得良好的报道效果。

学习目标

1.了解体育新闻稿件修改的三R原则。
2.了解体育新闻稿件修改的主要方面。
3.了解体育新闻稿件修改的步骤。
4.掌握体育新闻稿件修改的基本方法。
5.了解体育新闻稿件修改的注意事项。

第一节　体育新闻稿件修改的概述

本节要点

体育新闻稿件修改的三R原则
体育新闻稿件修改的主要方面

一、体育新闻稿件修改的三R原则

布雷恩·S·布鲁克斯等人著的《编辑的艺术》（布雷恩·S·布鲁克斯，2009）一书介绍了审稿编辑的3R原则，体育新闻编辑在进行稿件分析和修改时，可参考以下原则：

（一）确保稿件以读者为中心（reader-centered）

报纸编辑应确保报道适合读者的兴趣、需要，具有新意。

（二）确保稿件具有可读性（readable）

编辑应确保报道的可读性，并对报道的清晰性和简明性等问题进行分析和修改。

（三）确保稿件无误（right）

编辑应确保新闻事实的真实与准确，不仅要保证事实本身的真实和准确，还应在权衡所有相关的事实与信息的基础上达到全面真实和本质真实。

案例链接：

《印错号，读错号，大奖梦，梦难圆》[97]一文讲述了一对美国夫妇因当地报纸刊登的彩票中奖号码出错而误以为自己赢得大奖的新闻，造成该期报纸刊登错误中奖号码的主要原因是消息来源失误和审查失误。

[97]　印错号，读错号，大奖梦，梦难圆[N].深圳晚报,2011-4-20（A32）.

二、体育新闻稿件修改的主要方面

体育新闻编辑在稿件修改时，应注意发现和修正的方面主要包括事实性差错、导向性差错和辞章修饰。

（一）事实性差错

体育新闻是对新近发生体育事实的报道，揭示真相和还原体育事实是体育新闻工作者的基本工作准则，发现和订正新闻的事实差错是体育新闻编辑最为重要的工作内容。

1. 新闻事实的基本要求

（1）真实

新闻报道应符合事实的原貌，确保做到事实真实、全面真实和本质真实。

案例

《南勇被传讯时怀揣600万元？》（《*报》2010年1月29日B02版）

尽管南勇身犯何罪公安部至今未曾公布，但记者28日从知情人处获悉，南勇所涉案的金额远不止媒体披露的数目，令人惊诧的是，在被传讯时南勇身上的银行卡内居然有600万元之多。正是这场有着600万元的银行卡击溃南勇一度固守的防线，从而迅速招供。

在被专案组传讯之前，南勇可能有思想准备，但是没想到一切会来得这么快。15日，南勇像以往一样上班，并且可能有了将财产转移的设想。不过，当总局要求他去开会的时候，他暂时搁置了想法，毕竟一切看起来都还算平静。可惜人算不如天算，当南勇和杨一民一起到了总局，才发现自己中了“埋伏”。也许南勇被传讯时怀揣600万元？在那个时候，他就知道自己完了。

没有任何的侥幸，反赌专案组很快就查出南勇的银行卡上有600万元的巨款。这对于南勇来说，是一笔说不清楚的巨款。毕竟在1998年进入足协之前，南勇的收入并不丰厚。即便是进入足协后，12年间就按每个月1.5万元来算（谢亚龙时代，足协副主席月收入1.2万元左右，再加上其他补贴，也超过不了1.5万元），这样12年下来，总的收入也不过216万元而已，距离南勇卡上的600万元还有300多万元差额。

银行卡是南勇的，但钱的来源是需要他交代的。于是此前口风还算很严的南勇迅速招供，而且招了很多，目标直指国字号和中超。从目前来看，即便媒体披露的南勇收受国安50万和私吞哈恩薪水中的15万美元属实的话，折合人民币也不过150多万元，这意味着至少南勇银行卡上还有将近200万元人民币是来源不明的。

如果最终落实南勇确实是商业贿赂，那么南勇将受到怎样的法律制裁呢？某专业律师在接受记者采访时表示：“现在到了刑事拘留阶段，意味着已经有证据证明他们触犯了法律。如果是受贿1万元，那么他将可能被判处1年有期徒刑。如果受贿超过1万元以上，他就有可能被判处10年或者10年以上有期徒刑。如果受贿超过6万元，他将有可能被判处10年以上有期徒刑。如果再超过的话，无期或死刑都有可能。”

分析

《体坛周报》特约评论员棋哥曾直言该报道为“假新闻打假的第一烂稿”，并称“体育传媒圈都知道是一写小说的记者编的”[98]，且不论棋哥的评论是否言过其实，仔细阅读和分析新闻，报道至少存在五个重大疑点：1.标题中的疑问号表明报道者也无法确定新闻的真实性；2.文章中的“知情人”无任何的背景说明；3.按常理推断，南勇身犯何罪公安部至今未曾公布，办案经过和重要细节属于侦讯机密，是否会被透露；4.文章的语言表述带有臆测性；5.文末的某专业律师的身份是否需要隐匿信息。

（2）准确

构成事实的要素应准确无误，编辑应仔细核对容易出错的新闻细节，如时间、地点、赛事名称、比分、数据、赛事、运动员名字、报道对象称谓、引语等。

案例

看台上的观众也非常疯狂，他们不停地为冼东妹鼓掌叫好。冼东妹挥动着中国国旗绕场一周，以感谢支持她的球迷。

分析

以上报道节选自《中国诞生首位“金牌妈妈”》（《半岛都市报》2008年8月11日A4版）一文，冼东妹的专项为柔道，“球迷”的说法显然不恰当，如此明显的差错，编辑没有发现并进行修正是严重的失职。

（3）科学

事实的表述应符合科学。体育报道具有较强的专业性，报道应符合体育的客观规律和相关科学。除了一般的科学常识外，体育编辑还应掌握体育学以及运动人体科学的基本常识。

案例

科技战胜竞技
从身体比赛到科技比赛

图5-1 《新京报》2008-4-7 C04版

分析

版面中的两篇报道——《科技战胜竞技》、《从身体比赛到科技比赛》报道了科技对竞技成绩的影响，具有较强的专业性，掌握相关知识是编辑修改稿件的重要前提。

---

[98] 棋哥.10年前体育记者无奈何 敢喊我就敢写假新闻[EB]. http://cnsoccer.titan24.com/2011-03-14/104049.html,2013-3-31.

（4）清楚

事实的表述清楚，编辑应确保报道已回答了读者可能产生的问题并回应了读者可能关注的对象。如报道涉及体育的相关专业术语，尤其是综合性报纸的体育报道，编辑应从读者的角度出发，对较为生僻的词语进行解释，以免读者产生疑问。

案例

28
体育新闻
北京晚报
CBA
明星耀眼　豪门逞强

图5-2 《北京晚报》2010-11-24 28版

分析

新闻《金隅史上最大牌外援弗老大投奔北京男篮》对美国篮球明星弗朗西斯成为北京金隅队外援的新闻事实进行了报道，作为一份面对普通北京市民读者的都市类报纸，编辑考虑到部分非篮球迷读者可能对弗朗西斯的篮球经历缺乏了解，在版面中配置了关于弗朗西斯的相关介绍文章，确保体育新闻事实的清楚交待。

（5）统一

事实表述应前后一致，同时，与全国规定或通用的方式一致。

案例链接

《体坛周报》官方网站转载报道《大公报》报道《碧咸奋力争标部署约满返英》，编辑应注意说明碧咸为贝克汉姆，以免受众混淆。

2. 编辑对新闻事实核实和修正的过程

编辑首先通过对体育稿件消息来源、报道来源、报道内容等方面的分析，发现其中可能存在的新闻事实差错，这主要依赖的是编辑已有的知识和经验。在发现差错或无法确定事实是否存在差错时，查阅权威、可靠、最新的一手资料去核实和纠正差错，如有必要，对报道的疑点进行调查，若时间不允许，则暂时将存疑稿件搁置不发。

3. 编辑对新闻事实分析与核实的主要方面

报纸体育编辑可从消息来源、报道来源以及报道内容本身对新闻事实进行分析与核实：

（1）对消息来源的分析与核实

报纸体育编辑可从以下几个方面对消息来源进行分析：

①报道是否提及消息来源？（匿名来源不必提及消息来源，但报道可在确保匿名者身份

不曝光的前提下，提供一定的背景信息，增强报道的可信度）若提及，是否为非正式信息渠道来源？（非正式信息渠道来源信息可靠性相对较弱）

②报道是否从掌握第一手资料的人那获取信息？（二手资料可靠性相对较弱）

③报道者是否对消息提供者的可信度进行求证？是否有文件材料证明被访者的身份和经历？（报道者应确保消息来源以及提供信息的真实、可靠）

④匿名的消息来源谈话是否有准确记录？（可能的话，最好有录音。）是否有编辑知道匿名者的身份？（在涉及重大问题或事件时，至少有一个编辑应知道匿名者身份。）

⑤报道是否对多个消息来源进行了报道？（如果是唯一信源，应进一步核实。如涉及争议、批评、表扬的内容，要同时听取双方或多方意见，不能偏听偏信。）

⑥信息提供者是否可能会因报道受益？（如果是，要警惕其可能会因此造假。）

案例

《比尔·盖茨亿元租房看奥运》（《*报》2008年7月23日报道）

本报讯 8月的北京，不仅全世界最顶尖的运动员齐聚，全世界最有钱的富豪也来助兴，这其中就有前世界首富比尔·盖茨。盖茨在北京为自己租了一套离“水立方”不到180米的空中四合院，窗外不远就是晶蓝的“水立方”与雄浑的“鸟巢”，580公顷的奥林匹克公园就在眼底。据其所租的楼盘“盘古大观”销售部介绍，比尔·盖茨租这套空中四合院花费一亿，租期一年。

巨龙“抓住”盖茨

在奥运核心区内，有一龙形楼盘“盘古大观”。盘古大观共五栋楼组成，最高的龙头部分是商业楼，中间三栋则是公寓楼，龙尾则是北京惟一的七星级酒店。龙头顶部甚至有私人停机坪。五栋楼由一条长411米、宽13米、高15米的“龙廊”连接起来。“龙廊”的上面“龙脊”部分，分别是写字楼、公寓、12套空中四合院以及酒店。这个楼盘屹立在北京的中轴线上，不但成为这一区域的新地标，也吸引了比尔·盖茨的眼光，他一下子就决定在这里度过自己的北京奥运之行。

租一年要一亿元

据了解，盘古大观的空中四合院每套面积大约700多平方米，价格大约每平方米9万元。不过，那里的四合院只租不卖，比尔·盖茨也只能租住。“我们不租短期，租期至少是一年，而租费是1亿元。”盘古大观销售部的易小姐解释。据悉，目前已有不少豪富下了订单，“比尔·盖茨已经付了租金，但其他的人，我不方便透露姓名，现在已经有客户入住了。”

分析

报道正值北京奥运会开幕在即，且比尔·盖茨是世界名人，该新闻成为各方媒体纷纷转载的热点新闻。7月24日凌晨，比尔·盖茨官方向媒体证实，该消息为假新闻，微软全球资深副总裁、微软中国董事长张亚勤在出席一次新闻发布会时还向媒体暗示，盖茨巨资租房看奥运事件报道可能是房地产商的炒作。该报体育新闻部相关人士在接受新浪科技连线采访时，坚称该新闻并不是假新闻，认为该报道的记者只是客观记录了所采访到的内容，并没有向文章里添加自己的东西。新闻的消息提供者主要为盘古大观销售部的易小姐，从文章内容看，新闻有宣传该楼盘的嫌疑，该文章的配图亦为盘古大观的全景图，编辑作为报道最后的把关人，应认识到新闻工作者不能仅仅止于有闻必录，还必须对读者负责，对新闻信息的真实性进行必要的核实。

⑦报道中的专家是否在其专业和经验范畴谈论相关内容和话题？

⑧消息提供者的原意是否得到准确、公正的引述？（避免断章取义）

案例链接

《华盛顿邮报》对消息来源的规定：

1.尽量明确交代消息来源；

2.尽量解释匿名者背景（至少一名编辑知晓身份）；

3.公正引述（避免断章取义）

（2）对报道来源的分析与核实

报纸体育编辑可从以下几个方面对报道来源进行分析：

①报道来源是否权威可靠？（权威媒体提供的新闻报道，真实性和稿件质量相对有保证，如新华社通稿、中央电视台报道、相关部门新闻发布会通稿、本报记者采写稿等。）

②报道者是否有报道条件？（时间、空间、本人身份、环境许可等）

③报道者是否目击事件？

④报道者是否有采访记录（录音、笔记等），对新闻信息的查证与核实的过程，尤其是重大事件调查研究过程中的交谈和其它相关信息是否有准确、可靠和及时的记录？

⑤报道者是否为新作者，是否有文学创作习惯？

（3）对报道内容的分析与核实

报纸体育编辑可从以下几个方面对报道内容进行分析与核实：

①新闻证据是否确凿？

②报道语言是否清晰、精确？

③报道是否存在无足够依据的推测与臆想？

④报道内容是否存在前后矛盾？

⑤报道内容是否违反常识？

⑥报道内容是否不合情理？

⑦报道内容是否含糊其辞？

⑧未及时刊发稿件的新闻信息是否发生了变化？

⑨细节是否存在事实性差错？

报纸体育编辑应注意对以下细节进行进一步的核实：

- 报道对象的具体信息：参赛双方运动员和教练，尤其是体育明星的信息（名字、号

码、年龄、国籍、身高、项目、数据统计等）

●名称：包括全称与简称、习惯称谓和标准称谓的使用，名称的改变，以及名称与所配图片等是否一致。要注意核实的

●时间：新闻事件发生的时间要注意核实，尤其是比赛的时间以及一些不具体的提法，如今天、明天等，要核对清楚并代之以具体的日期。

●数字：是新闻稿件中最容易出错的信息之一，如赛果、比赛数据等。尤其一些重大、关键的数字，必须认真确认和及时修正。

●词意：有些词是带有褒贬、敬鄙等感情色彩的，使用不当会影响意思表达的准确。

新闻链接

《华盛顿邮报》启用核查事实机器人[99]

《华盛顿邮报》最近启动了一个实时性的事实核查项目，名为“说真话者”。此项目使用语音文字转换技术来“刻录”政治演讲，同时基于数据库验证演讲者是否说谎。例如，美国众议院多数党党督Kevin McCarthy声称给富人加税将损失70万个岗位，这一论点早已被政客使用多次。他刚说完，便有红色的“错误”两个大字跳出，同时附上了邮报事实核查人Glenn Kessler击破此观点的文章链接。

核查事实的机器人的最大优点是能够实时工作，邮报也非常看重这一点。如果要梳理国会预算办公室的所有研究或公众档案，计算机的算法可比记者要迅捷很多。使用机器人来核查事实还可以减轻舆论压力，最常见的指责便是目前的核查者抱有个人成见。但机器人需要输入才能运作，如果它们引入的数据库有所偏向，那么一切都是无用工。

需要强调的是此项目仍在完善中，但邮报的电子新闻负责人Cory Haik之前告诉Poynter机构（美国新媒体研究机构）说：“目标是更加实时性。机器人助力新闻业，本质上还是同记者合作。”

“说真话者”取用的数据大部分来源于邮报网站的“事实核查”博客，因此它并不能避免人为因素的影响。目前此项目看似大有可为，可长此以往，真的要实现实时性和综合性，它必须减少依赖人为资源。不论是事实核查，收入总结，还是调查新闻，新闻业是不可能全自动化的。邮报的用意当然并不在此。更关键的是，只有人和人的破冰与沟通才能把故事讲述给世界。

（二）导向性差错

体育新闻编辑在稿件修改的过程中，要善于发现稿件中存在的导向性差错并予以修正，避免报道出现负面的社会效果。稿件中常见的导向性差错主要包括政治差错、传播和强化偏见、报道片面、违背体育精神、伤害报道对象等方面。

[99] 《华盛顿邮报》启用核查事实机器人[EB]. http://news.xinhuanet.com/zgjx/2013-02/19/c_132178419.htm, 2013-5-10.

1. 政治差错

报纸体育编辑应避免稿件出现政治差错，确保报道舆论的正确性。

案例链接

2003年8月31日，刘翔获得世界田径锦标赛110米栏比赛铜牌，有报纸以《我国短跑项目实现奖牌零的突破 男子１１０米栏刘翔一铜填空白》为题对该新闻事件进行了报道，报道中说“刘翔实现了中国田径短跑项目在世界大赛中奖牌零的突破”的事实表述不准确，事实上，1968年在墨西哥举行的第19届奥运会，我国台湾运动员纪政获得女子80米栏铜牌，这枚铜牌才是中国田径短跑项目零的突破。该报道与报社记者、编辑对体育史知识掌握不足有关，但报道已在客观上造成了政治差错，台湾是中国不可分割的一部分，类似错误应避免出现在媒体报道中。有的报纸称这是“中国男选手在短跨项目上完成了历史性的突破”较好地确保了新闻事实的准确无误。

2. 传播和强化偏见

《最佳编辑要领》一书的总论中，明确指出：“在一个努力保持客观公正的行业，偏见——不管是有意的，还是无意的——都是不允许的。因此，编辑们的主要职责就是发现偏见，并将其从文章中清除出去。”常见的偏见包括：性别偏见、地域偏见、种族偏见、民族偏见、宗教偏见、外表和疾病偏见、年龄偏见、生活方式偏见等。

案例链接

1997年中国足球队冲击法国世界杯失利，有媒体报道将中国队输球归咎为前往比赛的球队大巴曾有女人坐过，报道存在严重的性别歧视和偏见，遭到了公众的谴责。

3. 报道片面

报纸在进行体育报道时，带有一定的立场和倾向性无可厚非，但必须坚持客观、公正的报道原则，编辑应注意修正带有片面性和倾向性过强的新闻稿件，避免走进狭隘的地方主义和民族主义的报道误区。

4. 报道违背体育精神

体育精神是体育的支柱和灵魂，体育精神对体育实践活动起着导向作用，并规定着体育文化模式的选择。报道应体现体育精神的本质，有助于人们对体育精神的理解和追求，避免出现“唯金牌论”等违背体育精神的体育报道。

5. 伤害报道对象

报纸报道应遵循低伤害原则，体现对报道对象的尊重，避免对报道对象的不必要伤害。

案例

《*报的致歉声明》

本报2月22日A24版刊发的体育评论《弄他！弄他！》一文，对重庆及重庆个别单位进行了不恰当的调侃式评论，对重庆城市形象及市民形象造成伤害。特向重庆市民、所涉单位及本报读者郑重致歉。

分析

报道要避免不恰当的报道内容和报道语气，以免给报道对象带来伤害，确保报道获得正面的社会效应。

（三）辞章修饰

报纸体育报道辞章修饰的主要方面包括以下十项：

1.主题不突出；

2.条理不分明；

3.结构不清晰；

4.语言不精练；

5.语句不通顺；

6.行文不生动；

7.语言不合逻辑；

8.语言风格不当；

9.标点使用不当；

10.字词使用不规范。

新闻链接

不满“骨灰级教练”称谓 蒋兴权现场怒批记者[100]

老帅蒋兴权是中国篮坛受人尊敬的老帅，在临沂球迷中也有很高的威望，当介绍辽宁队时，蒋兴权得到的掌声就是明证。不过，老帅今天却因为一个新词勃然大怒，差点与现场的记者发生冲突。

蒋兴权的开场白还是一些套话，指出辽宁队存在的一些问题，主要是认为上半场的防守有些松懈。谈到山东队，蒋兴权也很客气：“这支球队比去年有了很大的进步，而且他们主场压力很大，能打出今天的水平也很不容易。”

但当现场记者提问时，老帅终于按捺不住，指名道姓要一家媒体的记者“现身”，原来，是这家媒体的一个词让他大为恼火，看来，是大家对这个新词的理解存在偏差。

[100] 刘瑞平.不满“骨灰级教练”称谓 蒋兴权现场怒批记者[EB]. http://sports.163.com/05/1126/10/23FQ2MG200051CAH.html，2013-5-20.

惹事的这家媒体在一篇稿子里说，蒋兴权是“骨灰级教练”，这个词经常在游戏里出现，说一个人是骨灰级，那意思就是高得不能再高了，但蒋兴权认为，这个词就是字面的意思，是对他这个老年人的不尊重，现场对这家媒体进行批评，当那家媒体的记者试图解释时，蒋兴权甚至想站起来进行理论，主持人只得匆匆宣布结束发布会。

随后进来的巩晓彬被问到这个问题时，对蒋兴权大加赞赏：“根据我的理解，蒋指导已经功成名就，他为中国篮球做出了巨大贡献，值得尊重。”

分析

报纸是大众媒介，语言使用应规范，报纸体育编辑要谨慎使用公众还未广泛了解和接受的新生词语，如使用应注意解释说明，并对报道对象可能产生的情绪和想法有所估计和判断，充分考虑报道对象的感受。

第二节　体育新闻稿件修改的具体操作

本节要点

体育新闻稿件修改的步骤

体育新闻稿件修改的注意事项

一、体育新闻稿件修改的步骤

（一）阅读稿件，分析报道是否存在差错和不足

报纸体育编辑对挑选出来的稿件必须仔细阅读，并着重就新闻事实、舆论导向和报道辞章三个方面分析报道是否存在差错和不足。

（二）确定修改方案和修改者

编辑在发现新闻稿件存在的差错和不足后，根据稿件以及实际情况来确定修改方案和修改者。

1. 确定修改方案的主要考虑因素

（1）报纸定位及特色、优势

（2）报纸读者的接受水平和心理状态

（3）参照以往的同类报道以及媒体的相关报道。如早报、日报可参考晚报的新闻报道。

（4）当期稿件的整体情况和版面需要

2. 确定修改者的原则

（1）时间紧、稿件改动不大，一般由编辑改。

（2）时间不紧、稿件改动大，可请作者改或一起改。

（3）专业性较强、稿件修改难度较大，时间不紧，可请专家修改或咨询专家后修改。

（三）动手修改

1. 修改稿件的基本方法

编辑修改稿件的基本方法包括校正、删除、压缩、增补、分篇、综合和改写。

（1）校正

直接在稿件中将不正确的写法进行修正，包括稿件中的事实、观点、语法、修辞、逻辑等各个方面。编辑对读者来信等的修改和校正可采用加按语法，即不直接在稿件中改动错误，而以加按语的方式指出其中的差错。

（2）删除

删除稿件中有差错的部分以及可有可无的报道文字，力求报道语言和文字的准确、简练。

（3）压缩

报纸编辑必须合理利用版面，现代报纸，更加强调新闻图片和大标题对读者的吸引力，因此版面的文字量越来越少，编辑在修改体育新闻稿件时，可通过压缩稿件，综合运用删字、删词、删句、删节、删意等方法，使稿件主题突出、表述精练，确保用一定的用稿量呈现最大的信息量，使报道篇幅与报道价值相符，有时因版面有限，编辑也需要对字数较多的重要稿件进行压缩，以达到版面的要求。

①倒金字塔结构稿件压缩

编辑压缩倒金字塔结构的稿件相对容易，只需按照字数要求从后往前对稿件进行压缩。

②非倒金字塔结构稿件压缩

编辑应先对稿件进行分析，确定新闻主题，根据新闻信息的重要性以及与新闻主题关系的紧密程度排序，然后分别从新闻导语、背景、主体三个方面对稿件进行压缩。以新闻背景压缩为主，确保背景材料少而精。新闻导语压缩则以基本新闻事实不缺失为前提，将其他相对次要的内容予以删减。新闻主体部分根据稿件篇幅要求依次对新闻信息进行压缩。有多个报道重点的稿件，不宜仅压缩其中一个要点的稿件，而应将每一个要点的报道内容都分别进行压缩，只保留较为精练的信息。

（4）增补

体育编辑应对原稿不完整、信息不清楚的地方进行必要的补充，确保稿件符合发稿要求。由于写稿时效、观察角度或采访条件限制等原因，报道遗漏了某些重要新闻事实，编辑可从其他渠道获得相关信息后对稿件进行必要的增补。在记者采写前方稿件时，编辑可在后方查找和新闻事件有关的新闻报道和背景性资料等信息，并增补进稿件中，使稿件更为全面、深入地报道新闻事件。编辑应对连续性报道进行简要的回叙，帮助读者更好地了解新闻事实的来龙去脉及其意义，实现报道效果的最大化。如稿件篇幅较长，编辑可不直接在稿件上增补，可通过稿件配置，对相关新闻信息和资料进行合理的稿件安排。

报纸体育编辑在稿件增补时，应注意：

①增补内容一定要确保其真实、可靠。

②知识资料的增补应紧扣主题和新闻事实，少而精，不能喧宾夺主，确保报道的新闻性。

③对稿件的增补应尽量征得作者的同意，使他们了解增补的具体情况。

④对通讯社的新闻稿一般不能自行增补，可采取在文前或文中另加”编者按”的方式。

（5）分篇

将篇幅较长的新闻稿件经过必要的改写分成几篇稿件发表，篇幅较短的文章更为方便读者阅读、突出报道重点，版面编排更富变化和活泼、美观。

案例

2要闻
重污染天可停体育课
本市今年建35个监测站立体监测PM2.5

图5-1《*报》2012-3-23 2版

都市新闻 A03
重污染天中小学可停体育课
PM2.5

图5-2《北京晨报》2012-3-24 A3版

本市·市情 A03
与国家新标准相比 本市5项污染物超标 此外——
遇重污染天 中小学生停体育课

图5-3《法制晚报》2012-3-23 A3版

空气重污染中小学可停体育课

图5-4《京华时报》2012-3-24 6版

分析

图5-1、2、3、4为同题报道的不同版面，《北京晨报》、《法制晚报》、《京华时报》将新闻进行了分篇或加小标题的编辑处理，相比单篇长报道，读者阅读更为方便，能更好地把握报道各部分的要点，版面编排也更为活泼、美观。

（6）合篇

体育编辑可将与报道对象有关的数篇稿件进行合篇处理，以便更为全面、深入地对新闻事件进行报道。确定新闻主题与选材，是合篇的关键，编辑要善于概括和提炼主题，选择最有代表性的典型事例，避免重复选择类似的材料。合篇后稿件较长的报道应制作提要题和小标题等，方便读者能更好地把握报道各部分的要点。

（7）改写

改写是难度最大，操作最复杂的一种稿件修改方法，要求编辑根据稿件情况，对原稿的报道角度、结构、体裁、导语等进行修改，使之达到见报的要求。稿件改写主要有以下五种方面：

①修改主题：如原稿主题基本正确，但不够深刻、有力，编辑应进一步提炼深化主题。如原稿主题不够确切，就要作较大的改动，甚至重新确立主题。

②改变角度：编辑应选择与读者贴近、新颖别致的报道角度。

③调整结构：编辑应力求报道结构更好地为表现主题服务、方便读者阅读，新闻内容清晰、有条理，层次分明、引人入胜。避免条理紊乱、平铺直叙、干巴呆板的报道结构。

④改变体裁：一般都是由信息含量较大的体裁改换为信息含量较小的体裁。

⑤改写导语：编辑应确保导语能包括读者最为感兴趣的重要新闻信息。

2. 稿件修改使用全国通用的校对符号

稿件修改须经过多次和多人的审阅、确认，编辑应使用全国通用的校对符号。

资料链接

《校对符号及其用法》（国家出版事业管理局1981年12月21日发布）

编号	符号形态	符号作用	符号在文中和页边用法示例	说明
一、定符的改动				
1	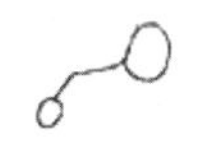	改　正	增高出版物质量。（提） 改革开始（放）	改正的字符较多，圈起来有困难时，可用线在页边画清改正的范围 必须更换的损、坏、污字也用改正符号画出
2		删　除	提出出版物物质质量。	
3	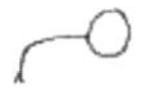	增　补	要搞好校工作。（对）	增补的字符较多，圈起来有困难时，可用线在页边画清增补的范围
4	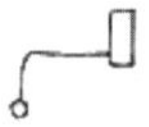	改正上下角	16＝42 H_2SO_4 尼古拉·费欣 0.25＋0.25＝0.5 举例①2×3＝6 X∶Y＝1∶2	

编号	符号形态	符号作用	符号在文中和页边用法示例	说明
二、字符方向位置的移动				
5		转　正	字符颠倒要转正。	
6		对　调	认真经验总结。 认真验结总经。	用于相邻的字词 用于隔开的字词
7		接　排	要重视校对工作。 提高出版物质量。	
8		另起段	完成了任务。明年……	
9		转　移	校对工作，提高出 版物质量要重视。 "。以上引文均见中文新版《列宁全集》。 编者　年　月 …… 各位编委：	用于行间附近的转移 用于相邻行首末衔接字符的推移 用于相邻页首末衔接行段的推移
10	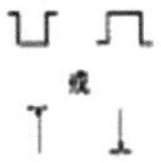	上　下　移	序号 名称 数量 01 显微镜 2	字符上移到缺口左右水平线处 字符下移到箭头所指的短线处
11	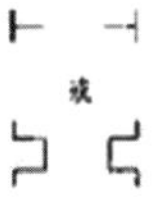	左　右　移	要重视校对工作，提高出版物质量。 3 4 56 5 欢呼 歌 唱	字符左移到箭头所指的短线处 字符左移到缺口上下垂直线处 符号画得太小时，要在页边重标
12		排　齐	校对工作非常重要。 必须提高印刷质量，缩短印制周期。 国家标准	

编号	符号形态	符号作用	符号在文中和页边用法示例	说明
13		排阶梯形	RH 	—
14		正图		符号横线表示水平位置，竖线表示垂直位置，箭头表示上方
三、字符间空距的改动				
15	∨ >	加大空距	├ 一、校对程序 ┤ ∨ 校对胶印读物、影印书刊的注意事项： >	表示在一定范围内适当加大空距 横式文字画在字头和行头之间
16	∧ <	减小空距	二、校对程 序 ∧ 校对胶印读物、影印书刊的注意事项： <	表示不空或在一定范围内适当减小空距 横式文字画在字头和行头之间
17	# 丰 丰 圭	空1字距 空1/2字距 空1/3字距 空1/4空距	第一章校对职责和方法 # 1.责任校对	多个空距相同的，可用引线连出，只标示一个符号。
18	Y	分　开	Goodmorning! Y	用于外文
四、其　他				
19	△	保　留	认真搞好校对工作。	除在原删除的字符下画△外，并在原删除符号上画两竖线
20	○=	代　替	○色的程度不同，从淡○色到深○色具有多种层次，如天○色、靛○色、海○色、宝○色…… ○=蓝	同页内有两个或多个相同的字符需要改正的，可用符号代替，并在页边注明
21	○○○	说　明	第一章 校对的职责	说明或指令性文字不要圈起来，在其字下画圈，表示不作为改正的文字。如说明文字较多时，可在首末各三字下画圈

（四）改后检查

稿件修改完毕，编辑应重新认真阅读，点读为主，检查是否仍有错误，不仅注意内容，而且不放过任何细节。这种改后检查至少要进行一次，对于重要稿件，还要多次检查。

资料链接

《防止报纸出错的25种方法》[101]

1.从文内表述前后矛盾中来发现、减少和消除差错。

2.从题文对照中发现和消除差错

3.通过查工具书来发现和消除差错

4.通过查出处、根据来发现和消除差错

5.通过复核数据发现和消除差错

6.对照《中华人民共和国宪法》以及其他相关法律，运用党的方针、政策，去发现毛病，订正错误。

[101] 林永年.防止报纸出错的25种方法[J].新闻记者，2003,8.

7.阅检稿件有无预计性文字发现和消除差错
8.运用辩证法来发现毛病
9.对需要特别引起重视的事实，要查询一下：事实核对过没有？审稿手续有否完全办妥？
10.从保密角度来检查稿件有无泄密的地方
11.不厌其烦地向有关编辑记者查询有疑问之处以避免差错
12.查阅原稿来发现差错
13.扩大知识面来发现毛病
14.向周围同志请教以发现讹误加以消除
15.从交代不清的现象中发现毛病
16.从语法结构中发现、减少和消除语病
17.琢磨成语的运用是否得当
18.对某些过于前卫、新奇、特殊以及有疑问的文字加以思考和订正
19.按照规范要求来挑剔毛病和订正错误
20.按照《简化字总表》检查稿件的不规范汉字
21.检查标点符号的准确性
22.检阅大样时注意检点递增报纸的编号、年月日、版次和星期几
23.每年第一季度特别是新年开头注意阅检稿样的年份
24.对容易产生歧义的句子即使符合语法修辞也宜作适当的修改
25.努力提高理论水平来发现毛病

二、体育新闻稿件修改的注意事项

（一）注意保留原稿的基本事实

编辑一般只从报道角度、体裁、结构等形式上进行修改，而一般不直接对基本事实进行修改，如确有必要进行事实修改，要向记者或有关作者了解情况，或请作者一起修改。

（二）尊重作者

编辑在稿件修改的过程中，要充分听取作者的意见和建议，尊重和注意保留作者的写作风格。需要对原稿进行较大改动时，编辑要与作者沟通，向对方陈述修改理由，争取理解。

（三）认真细致地完成修改工作

稿件修改工作一定要认真细致，认真排查和修正稿件中存在的差错，更不能在修改过程中出现新的错误。对于自己拿不准或不太明白的地方，要进一步核实、调查，或请教别人。

（四）避免重复劳动

报纸编辑应力争少改校样，尊重后续工作人员的劳动。

（五）坚持准确比速度更重要，重视导向性差错的修改

编辑应坚持“准确比速度更重要”的报道理念，无法确定新闻真实的稿件宁可搁置不发，也要确保新闻的真实、准确。同时，努力确保稿件获得正面的社会效应。

（六）通讯社稿件修改的特殊性要求：

1.全文采用，必须加电头：“××社×地×月×日电”。

2.非全文采用：只能删节，不能增补，电头加“据”字。

3.重新结构调整，注明“据××社改写”，不能增补。

（七）新闻失实后的处理

“百密难免一疏”，新闻失实，报纸和相关编辑应采取有效措施，减少失实报道的影响和伤害，如及时刊登订正和致歉信等，以取得报道对象和读者的谅解。

案例链接：

《体坛周报》2001年6月25日“射门甲A D4版，编辑沿用上期部分版式而未将版面个别文章区清空，误将上周的一场赛事报道当成了本周新闻，6月29日，题为“赔礼道歉的瞿优远署名文章刊登在头版显要位置总编辑向读者的，并花费60万元印刷161万份展示国足冲击波的精美大幅海报随报赠送读者。

思考与练习

1.体育新闻稿件修改的主要方面？

2.体育新闻稿件修改的主要方法？

3.以下为某都市报的新闻报道，请仔细阅读分析报道，说明报道存在的不足，并综合运用稿件修改方法，对报道进行修改。

德甲惊现“幽灵进球”
基斯林边网破洞帮助勒沃库森赢球

球门边网上有一个破洞，一向严谨的德国人看来也有靠不住的时候。巧合的是，在北京时间10月19日凌晨这场勒沃库森客场和霍芬海姆的比赛中，客队前锋基斯林的头球射门正好击中了这个破洞，然后飞进了球门，没有搞清楚状况的主裁判判罚进球有效。结果勒沃库森2∶1获胜，在本轮其他比赛尚未开始的情况下，超越多特蒙德和拜仁慕尼黑，暂时排名联赛第一。

“幽灵进球”发生在第71分钟，当时勒沃库森1∶0领先。勒沃库森的卡斯特罗主罚角球，基斯林高高跃起头球攻门，眼看着皮球滑门而出，结果却落在了球门里面。射门的基斯林还在遗憾错失良机，但当值主裁判布吕希由于也没有看清楚，直接宣布此球有效。从电视慢镜头来看，其实皮球击中了霍芬海姆的边网，不过皮球并没有掉在球门之外，而是直接穿过了边网上的破门，飞进了球门。

赛后，主裁判布吕希承认自己的判罚有误，“当时我是有疑问，但是没人反对。基斯林和我交换了意见，他没说那不是一个进球，也没有什么迹象显示那是个不规则的球门，而且球在球门里边了，看起来这是个正常进球。但现在我可能会撤回我的决定。”基斯林也十分无奈：“我没考虑球怎么进去的，这就是我告诉裁判的。比赛后我感觉不好，这是个糟糕的情形。但是我没看到，这就是我吃惊的原因。”

其实这个“幽灵进球”的责任也的确在裁判组这边，因为无论是比赛开始前，还是中场休息后，两个助理裁判都有义务负责检查球网是否完好，以避免有皮球成为“漏网之鱼”的情况发生。

霍芬海姆俱乐部方面十分愤怒，他们在官网上表示会上诉。在德甲历史上，因为裁判工作失误而导致比赛重赛的情况也不是没有先例。1993~1994赛季，拜仁慕尼黑主场迎战纽伦堡，第26分钟拜仁开出角球，海尔默的头球被科普克在门线上扑到，但是裁判却判罚进球有效，拜仁最终2∶1获得胜利，但德国足协随后宣布这场比赛无效，不过在重赛中，拜仁5∶0大胜对手。

4. 运用所学知识，对上章选好的体育新闻稿件进行修改

第六章 体育新闻标题制作

本章提示

新闻标题是用以揭示、评价新闻重要信息的一段简短文字，一般用大于正文的字号刊于新闻之前。在现代新闻传播活动中，标题具有着重要作用，根据有关学者对体育报纸受众的调查结果（刘道彩，2007），7成以上的受众认为新闻标题对读报的引领作用“比较重要”和“很重要”，只有2.9%的选择了“不重要”。《读图时代还是读标题时代？——都市类报纸版面元素的构成关系分析》（张洪忠，2006）一文指出标题是读者首先阅读的版面要素，是吸引眼球的第一视觉元素。美国学者的研究也指出读者会阅读版面上1/2的标题，并根据标题决定阅读哪些稿件。新闻标题是吸引读者阅读新闻的第一要件，标题制作是编辑的重要工作内容，制作水平高低是编辑能力和素养水平的集中体现。

学习目标

1. 了解体育新闻标题的分类和结构。
2. 了解体育新闻标题的要求。
3. 了解体育新闻标题的制作过程。
4. 掌握体育新闻标题的制作技巧。
5. 了解体育新闻标题的练习方法。
6. 了解体育新闻标题的常见误区。

第一节　体育新闻标题的概述

本节要点

体育新闻标题的分类

体育新闻标题的结构

体育新闻标题的要求

一、新闻标题的分类

（一）按照标题与新闻稿件关系的分类

按照标题与新闻稿件关系，标题分为两大类：一类为多篇新闻共有标题，包括大标题、栏目题等，另一类为单篇新闻标题，包括主题、引题、副题、提要题、尾题、小标题等。

1. 多篇新闻共有标题种类

（1）大标题

多条新闻共有的标题，用以概括这些新闻的共同主题，可以对新闻事实加以揭示，也可以提出观点、发出号召。

案例

退赛!

图6-1 《现代快报》2012-6-9 A23版

分析

2012年欧洲杯相关报道是当天重要的体育新闻，报纸用整版篇幅对2012欧洲杯期间，由于种族歧视导致的退赛危机进行了报道，版面左上角的标题为整版报道的大标题，它对该版新闻的主要信息进行了揭示。

（2）栏目题

亦称专栏题。即两篇或两篇以上内容相关但各自独立的稿件集纳的共有标题。在不影响内容表达前提下，同一专栏的文章标题制作可考虑采取结构、字数相近的方式。

案例链接

2010年广州亚运会开赛期间，《北京晚报》开设了一个题为《微博炉》的专栏，该专栏设在“广州亚运热议”版面，主要用于刊登网民撰写的关于广州亚运会的微博文章。

2. 单篇新闻标题种类

（1）主题

新闻标题中最主要的部分，用以说明新闻中最重要或最引人注意的内容，在整个标题中所用字号最大，地位最突出。应是完整的一个句子或词组，能够表达一个完整的概念和意思。一般而言，主题以实题为主，不能超过两行，行数太多会影响中心的突出。

（2）引题

又称肩题或眉题，是位于主题之前的辅助性标题，字号小于主题，主要作用是引出主题。一般而言，文字少于副题，宜简短，以一行为宜。

（3）副题

又称子题，是位于主题之后的辅助性标题，字号小于主题和引题，主要作用是用事实对主题作补充和解释。

（4）提要题

又称提示题或纲要题，是位于新闻主题和正文之间，用以提示稿件主要内容的题目。主要有四个作用：用以提示新闻要点，展示和突出新闻最重要的事实，用以提出引人思考的问题，用以介绍新闻中的新鲜观点或某重要成果。

案例

A06 天天亚运

广州公交免费首日地铁吸引大批人流，岗顶站晚高峰列车两度“飞站”

换乘通道拥堵 一度限入6人次

外地游客专程来“蹭车”

广佛地铁

明日14时开通

佛山将收费 市民不选择

汉王电纸书 十万图书任您读

EMBA硕士学位班

图6-2《南方都市报》2010-11-2 A6版

分析

版面共有四篇独立的新闻报道。版面最上方报道为“引题+主题+提要题+小标题”的多种类标题报道，其中，《换乘通道拥堵 一度限入6人/次》为报道的主题，引题为《广州公交免费首日地铁吸引大批人流，岗顶站晚高峰列车两度“飞站”》，由于该篇报道篇幅较长，版面左上角的一段文字：“从昨日起，广州地铁、公交免费，受惠范围包括番禺区、南沙区、花都区、增城市和从化市。……”为提要题，可以帮助读者方便、快捷地获知新闻主要内容，新闻正文中还配了三个字数、结构、所辖文字篇幅基本相近的小标题：《挤：地铁车门数次关不上》、《慢：换乘至少要10分钟》和《旺：寂寞四号线游客猛增》，帮助读者快速把握文章各部分的报道要点。

版面中间报道的标题为“主题+副题”的复合式标题，其中《广佛地铁明日14时开通》为主题，《也参与广州亚运会公交地铁免费活动》为报道的副题。

版面的右侧上方有一栏目题：《市民百态》，该栏目下的两篇报道的标题分别为：《悠游派 外地游客专程来“蹭车”》和《纠结派 佛山车收费 市民不选乘》，两条标题的字数和结构基本相近，起到了体现稿件相关性和内容对比的作用。

（5）小标题

又称分题或插题，多为一行题，通常用于篇幅较长的稿件，具有长文短化、方便读者选择阅读的作用，分嵌于新闻稿件中，用以概括稿件各部分主题的辅助性标题。在不影响内容表达的前提下，小标题的结构、字数应相近，所辖文字长短也相近。

案例

A16版
体育
Sports
现代快报
“一姐”哭了
痛失好局输给小克，倔强李娜泪洒澳网
咸
赛后掩面而泣
辣
让球迷们安静
甜
还有老公姜山
苦
浪费四个赛点
酸
应该看清差距

图6-3《现代快报》2012-1-23 A16版

分析

报道的主题为《“一姐”哭了》，副题为《痛失好局输给小克，倔强李娜泪洒澳网》，该报道为整版报道，篇幅较长，副题下方文字为提要题：“昨天是中国农历除夕，在年夜饭前，中国一姐李娜没能做出一道色香味俱全的“开胃菜”。第二盘抢七一度手握4个赛点的李娜被对手连得6分，遭遇惊天大逆转，最终1：2不敌比利时名将克里斯特尔斯，止步澳网16强。……”，对该报道重要信息进行了揭示，五个小标题结构、字数、排版一样，所辖文字长短也相近：《咸 “娜”真脆弱 赛后掩面而泣》、《辣 “娜”真生气 让球迷们安静》、《苦 “娜”真可惜 浪费四个赛点》、《酸 “娜”真失望 应该看清差距》、《甜 “娜”真甜蜜 还有老公姜山》，在咸、辣、苦、酸、甜五个字的旁边有一段简短的文章提要，帮助读者获知该部分的重要信息。

(6) 尾题

亦称文尾题，现代报纸已较少使用。一般用于针对性和指导性很强，篇幅不长的重要新闻，尾题内容是客观观点摘引，不允许作者的主观介入。以略大于正文的异体字，将文中的重要信息，特别是重要的新思想、新观点摘录集纳，用与字号相同的中圆点作标示，置于文尾，与文章标题在版面上形成对角对称，文章标题为横题，尾题也为横题，文题为竖题，尾题也为竖题。尾题使新闻中的重要内容多次进入读者视线，加强传播力度，诱发思考。

（二）按照新闻标题内容性质的分类

按照新闻标题内容性质，标题可划分为实题与虚题两类：

1. 实题

是指表述新闻中重要事实的标题。实题可独立存在。

2. 虚题

是指揭示新闻中主要意见和观点的标题。虚题必须依附实题而存在。

案例

老金，你受委屈了[102]
媒体爆料，上海女曲“逼走”金昶伯上海市体育局火了：全面整顿球队

分析

报道主题——《老金，你受委屈了》为虚题，表明作者对事件和报道对象的态度，副题——《媒体爆料，上海女曲“逼走”金昶伯 上海市体育局火了：全面整顿球队》为实题，揭示重要新闻信息。

二、新闻标题的结构

新闻标题的结构类型有两种，一类为单一型结构标题，另一类为复合型结构标题。

（一）单一型结构标题

只有主标题，没有辅题。单一型结构标题多数是一行题，也可以是两行题、三行题，字号无区别。单一型结构标题必须是实题，意义必须完整。主题分行要自然，便于阅读。

（二）复合型结构标题

除主题外，还有辅题。有三种组合形式：引题+主题，主题+副题，引题+主题+副题。

[102] 韩飞,周游.老金，你受委屈了[N]. 现代快报，2011-12-1（A11）.

复合型结构的标题都是多行题，分行要合理，主题与辅题之间的逻辑关系正确，虚实结合恰当。主题字号最大，引题次之，副题字号最小。

三、体育新闻标题的要求

体育新闻标题制作要求主要包括题文一致、包括最重要新闻信息、表意清楚、简洁凝练、生动形象、体现媒介定位、体现不同体裁特点和体现体育新闻标题特点等八个方面。

（一）标题表述准确、题文一致

标题所揭示的事实，要与新闻内容一致，标题所写的事实应是新闻中本来就有的，不是虚构的，标题可以从新闻中选择某一事实，但是这种选择应顾及事物全貌，不能歪曲整个新闻的基本事实。标题中的事实和论断在新闻中要有充分依据，不能片面、夸张、拔高，以免读者产生误解和歧义。

案例

《王大雷在国米上“最后一课” 一代名师传授毕生绝学》

分析

新闻对中国球员王大雷参加的一次商业味很浓的国米试训进行了报道，国米门将教练在试训的最后一天，对他进行了约20分钟的个别辅导，“传授毕生绝学”的用语过于夸张。

名词链接

标题党：“网络上一小撮利用各种颇具创意的标题吸引眼球，以达到各种个人目的网民们的自发性组织。其主要行为简而言之即发帖的标题严重夸张，帖子内容通常与标题完全无关或联系不大。”

（二）言之有物，将最重要的和能引起读者兴趣的信息选入新闻标题中

标题应言之有物，能够向读者传递有效信息，避免空泛、笼统和抽象，选取新闻中的重要事实和能够引起读者兴趣的信息入题。

案例1

摔跤恐无缘2020年奥运会
乒羽逃过一劫 武术仍有希望

案例2

摔跤或无缘奥运会 国际摔联主席被罢免

分析

案例1和案例2是同题报道标题，报道对“摔跤可能退出2020奥运会”的新闻事实进行了揭示，中国的传统优势项目乒羽是否会退出2020奥运会和武术能够成为奥运比赛项目是中国读者关注的关键信息，对中国公众有着重要意义，案例1较好地选取了新闻中的重要事实和能够引起中国读者兴趣的信息入题。

（三）表意清楚，行文通顺，用语规范

无特殊需要的情况下，标题应表意清楚、明白，避免含混不清、辞不达意，使人产生疑问，同时用语应规范，行文通顺，用最适当的字或词传递新闻信息，避免造成读者误解。

案例

《管网球的将任NBA中国CEO》

分析

新闻报道的主要新闻事实是国际女子网球协会（WTA）主席舒德伟（David Shoemaker）将出任NBA中国首席执行官（CEO），标题中的“管网球的”一词用语较为诙谐，但指代不清，标题最重要的作用是揭示新闻中的重要信息，应注意表意清楚、明白。

（四）简洁凝练

受报纸版面的约束和由于读者阅读的需要，新闻标题应尽可能地简洁凝练，不可冗长拖沓，力求以最少的字词传达尽可能丰富的信息，一般而言，新闻主题的字数应在12字以下为好。

案例

《老鹰落网　阿联无功》

分析

报道用言简意赅的八个字形象生动地向读者传递了他们感兴趣的新闻事实：网队战胜老鹰队，但网队的中国球员易建联在该场比赛表现平平的新闻事实。

数据链接

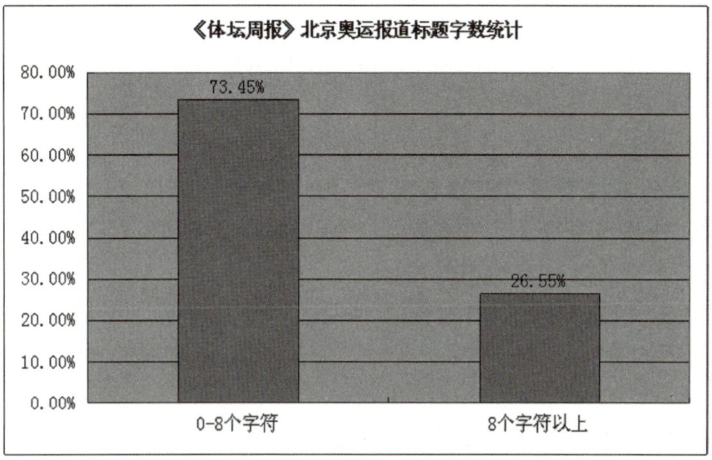

图6-4　《体坛周报》北京奥运会报道标题字数统计图

（五）生动形象

标题是读者接触新闻报道的第一视觉要素，生动形象的标题容易引起读者的关注，并进而产生进一步阅读新闻报道的兴趣。

案例

《骑士射落太阳》

分析

报道主标题形象生动地揭示了“骑士队战胜太阳队”的重要新闻事实。

（六）体现媒介定位和风格

新闻标题应体现媒介定位，与所在媒体的报道风格相契合。

案例1

中国男篮亚锦赛夺冠　打开通往奥运的大门

案例2

这张“门票”热气腾腾
这次的困难前所未有
总局领导“力挺”球队
对外低调对内“高调”

案例3

命硬

案例4

砸“旦”！ 步步惊心

中国队一分险胜约旦 夺得男篮亚锦赛冠军 拿到伦敦奥运会门票

赛前紧张万分 决战前夜很多队员失眠

比赛惊心动魄 中国男篮最后一刻胜出

赛后惊魂未定 邓华德要抱着篮球睡觉

分析

四篇报道都对中国男篮2011年获亚锦赛冠军进行了报道。

案例1为《人民日报》报道标题，《人民日报》是中国共产党中央委员会机关报，报道标题较为平和地表述男篮夺冠，获得奥运入场卷的新闻事实，没有很明显的情感和意见表达。

案例2是《中国体育报》报道标题，《中国体育报》是国家体育总局的机关报，当天的头版导读标题为《中国男篮亚锦赛夺冠》，只是简单陈述了男篮夺冠的新闻事实，其版面报道的标题则反映了报道者对男篮夺冠欣喜的心情，同时在标题中强调了入场卷的来之不易和国家体育总局在其中的作用。

案例3是《体坛周报》报道标题，《体坛周报》为专业性的体育报纸，其目标读者为体育迷，注重对报道对象和事件的深度报道，而不仅仅是简单地陈述新闻事实，标题以单行题为主，一般选取新闻中可能引起读者关注的重要信息和报道者希望传达的核心观点，编辑在具体制作标题时，力求用最精练的文字把新闻中最重要和引人注目的事实提供给读者，让他们能快速获悉新闻的核心事实，《命硬》和当天的头版标题《在亚洲“男篮已没有优势”》都言简意赅地表明了报道者对新闻事实的思考。

案例4是《现代快报》的报道标题，都市报体育版每日出版，其职能以提供新闻信息为主，因此标题常常为复合式标题，方便读者通过标题获知更多的重要新闻信息，同时，力求标题生动、形象，能够吸引读者的眼球，《现代快报》的报道标题反映了这一特点，主标题中的“砸“旦”一词运用双关的修辞方法，生动形象地表述了中国队战胜约旦队这一新闻事实，同时，借用《步步惊心》这一当下热播的连续剧名，既容易引起大众的关注，也能贴切地说明了此场比赛的惊险、激烈，三个小标题的制作紧扣新闻主题，能够很好地吸引读者的注意力，也方便读者获知各部分重要新闻事实。

（七）体现不同体裁标题特点

消息的标题以摆事实为主，侧重于表现事物的动态，告诉读者发生的新闻事实。通讯的标题一般是静态的，常常是主副搭配的复式题。深度报道的标题应点出报道对象或调查后得出的重要结论。读者来信一般应在标题中，直接表明读者的呼声和意见等。评论标题应旗帜鲜明地表明作者的观点、立场。

案例1

中国首个打破世界纪录者
陈镜开在广州逝世[103]

案例2

陈镜开：用6亿人力量举起世界纪录[104]

分析

案例1和2都是《广州日报》的报道标题，尽管报纸定位相同，但案例1是消息的标题，其主要功能是向读者传递陈镜开逝世的重要信息，案例2为深度报道的标题，主要作用是向读者揭示和评价报道对象。

（八）体现体育新闻标题的特点

体育新闻相比其他新闻，娱乐性、趣味性、对抗性更浓，因此标题制作更为注重生动形象，更具动感和强调悬念制造，这样才能更好地赢得读者。与其他类型新闻标题相比，体育新闻报道者还会在标题中更多地揭示数字信息（如比赛结果等），使用武侠味、战争味浓的词语，《体坛周报》有战争武侠用语的新闻标题的比例约为22%。[105]

案例

总攻!最后的小组赛[106]

分析

案例中的“总攻”一词，带有浓浓的战争意味，强调和突出了比赛的激烈、紧张，体现了体育比赛对抗性强的特点。

资料链接

台湾《“中央”日报》标题制作原则[107]

1.撰制标题要客观、确定、通俗、活泼。

2.标题要摘取新闻的中心或重点。

3.每组标题的主题，应以完整的语句组成，包括主词和述词；撰制双行标题时，每行语气必须自成段落，不可“腰斩”，或导致误解。

[103] 陈镜开在广州逝世[N]. 广州日报，2010-12-7（A1）.
[104] 陈镜开：用6亿人力量举起世界纪录[N]. 广州日报，2010-12-8（A8）.
[105] 何雨欣. “读题时代”下体育类报纸的新闻标题[D]. 北京：北京体育大学硕士论文,2007.
[106] 总攻!最后的小组赛[N]. 体坛周报，2012-10-11（A3）.
[107] 赵鼎生.比较报纸编辑学[M]. 北京：人民日报出版社，2009：128-129.

4.标题必须依据新闻里的语句或语意撰制，不可歪曲夸大，故耸听闻（故意耸人听闻）。

5.标题要多用显示动态的动词，少用静态的动词。

6.撰制标题，能用主动语态，不用被动语态。

7.不要在标题里表露编者的态度或意见；非在本报的立场上有此必要时，不做主观标题。

8.标题里避免用空洞的形容词、副词或虚字；轻松、幽默新闻可以例外。

9.标题里要避用“昨”、“昨日”、“前天”等字样，以显示新闻的“新”。

10.应少用连接词，如“和”、“及”、“与”、“暨”等字样。

11在同一标题里，除非不得已，不要重复用字。

12.传说的新闻，必须冠以“传说”字样；私人的见解，必须标明来源。

13.标题以简洁明朗为主，不宜过长过多。

14.标题用字的大小长短，要以新闻性的轻重来衡量，不可以字数多少来决定。

15.主题所用字，要在整个标题中显得最突出、最醒目。

16.主题里的主词和述词，应该用同一字体、同一字号。只有在不得已时才可用不同字号，但仍须用同一字体。

17.子题（注：引题）以一行或二行为原则。

18.一则新闻里，除主题之外，如果有次要的重点也须标示时，可加撰副题。所用字号应当小于主题，字体应当不同于主题和子题。

19.子题或副题的主词不同于主题时，绝对不能遗漏，以免混淆。

20.较长新闻，标题不能包括全文重点时，应于适当段落处，加撰分段标题。其长度应当短于主要的标题。

21.专栏或特写，除主题外，应于适当段落处加插小题。

22.标题的形式，应以直式（注：竖排）为主。

23.如果字数过多，直式题无法安排时，可利用横式题；隽永、幽默而有人情味的新闻，也可撰制横题。

24.横直式题只可在新闻内容复杂或需特加强调时偶尔为之。

25.中心题宜于用在简短新闻或字数不长不短的特栏（如花框）新闻中，直、横、上、中各部地位都可排列；但在拼版时，要避免与其他新闻标题同高低或同上下并列。

26.前后题或上下题，只可用于轻松、活泼、隽永、幽默的花边新闻中。

27.引语题可以不限长短；但必须摘取原文的整句或整段。

28.突发的新闻，应配撰凸出的标题。

29.志哀用的素边标题，应视死者身份，慎重选用。

第二节 体育新闻标题的具体制作

本节提示

体育新闻标题的制作过程
体育新闻标题的练习方法
体育新闻标题的常见误区

一、体育新闻标题制作过程

体育新闻标题制作过程如下：阅读全文→列出重要信息、提炼主题→选择入题内容→确定标题结构和类型→确定标题的立场态度→使标题生动形象→锤炼标题文字。

（一）阅读全文

编辑应首先阅读全文，尤其是新闻的导语。

（二）列出新闻重要信息、提炼新闻主题、发掘报道中具有新意和特色的内容

在阅读全文的基础上，将新闻中所有的重要信息列出，并提炼新闻主题，发掘报道中具有新意和特色的内容，以便将其列入标题。

（三）从新闻中选择进入标题的内容

1. 选择标准

新闻中最重要、新鲜的信息；最有特点的内容；读者感兴趣的讯息。

案例

新中国第一个打破世界纪录的著名举重运动员
陈镜开逝世[108]

我国著名举重运动员、原广东省体委副主任陈镜开同志，因病于2010年12月6日15时16分在广州逝世，享年75岁。

陈镜开是新中国第一个打破世界纪录的运动员，曾经10次打破举重世界纪录，5次获得国家体育运动荣誉奖章，并被推选为第二、三、四、五届全国人大代表。1987年5月11日，国际奥委会授予他奥林匹克银质勋章，这是中国运动员第一次获此殊荣。

[108] 陈镜开在广州逝世[N]．广州日报，2010-12-7（A11）．

分析

陈镜开逝世是报道中最重要的新闻事实，因此报道者将该内容列入主题中，引题指出陈镜开在新中国体育史中的重要地位。

2. 选择要求

所选择的事实和观点应准确、全面反映新闻内容本质；连续性报道应突出最新的重要新闻事实、适当回溯以往新闻要点。

案例

中国柔道队员再试身手
主队愈战愈勇三胜一平

分析

纵观全文，中国队的战绩是三胜一平四负，最终以一分之差负于日本队，由于标题取舍的事实不当，只说“胜”与“平”，不说“负”，容易造成读者的误解，以为这场比赛的胜者是中国队。

（四）确定标题结构和类型

在确定入题的新闻内容后，编辑根据一定的原则确定标题结构和内容，原则主要有以下四点：

1. 根据媒体标题的一贯风格确定标题结构和类型

标题结构和类型应符合报纸一贯的风格，以保证报纸形象的相对稳定性。

2. 根据稿件的重要性与稿件的篇幅长短决定标题结构和类型

一般情况下重要稿件、长稿件、重要新闻事实多的报道用复合型标题、长题，并根据实际情况，考虑是否需要制作提要题、小标题。

3. 根据报道意图决定标题结构和类型

一般情况下，新闻标题以揭示新闻事实为主，如揭示事实的同时强调舆论引导，编辑应制作虚实题结合的复合型新闻标题。

4. 根据当日版面编排的需要决定标题的结构和类型

标题结构和类型的确定还应符合版面容量需求，并体现集纳稿件，可考虑制作统一式标题和对角题等标题形式。

（1）统一式标题

若干条新闻的标题结构相一致，标题字数相等或相近，并在版面上以相同的字体、字号、结构和颜色整齐排列。图6-5中的《换皮头，小晖没了准头》和《换金枪，杜丽想讨彩头》为统一式标题。

（2）对角题

两条新闻标题的结构相同、主题对仗，并在版面上呈对角对称排列。图6-6中的《魔兽搞砸魔术》和《快船擒获灰熊》为对角题。

案例链接

意外出局，原来有点"玄机"
换皮头，小晖没了准头
厂家特制，价值四万八千元
换金枪，杜丽想讨彩头

图6-5《现代快报》2011-11-19 A8版

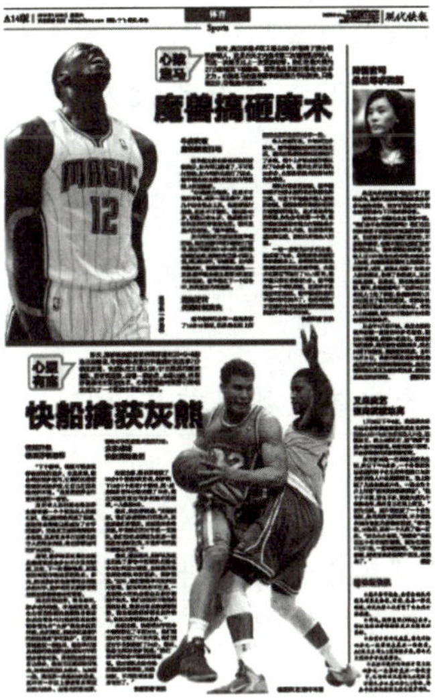
魔兽搞砸魔术
快船擒获灰熊

图6-6《现代快报》2012/1/28 A14版

（五）确定标题的立场态度

编辑根据报道思想和报道情况，确定标题的立场态度，确定原则主要有以下三点：

1. 信息性新闻标题语言应客观

信息性新闻以传递新闻信息为主，一般而言，不带主观评价。

2. 态度要鲜明，尺度须恰当

报道标题应该明确表明立场时，表态应以事实为依据，尺度合宜，用语恰当、准确，力求公正、正确引导社会舆论。

案例1

脆弱的联赛禁不起反赌扫黑的折腾

分析

标题用"折腾"一词来形容足坛的反赌扫黑行动，不利于社会舆论的正确引导。

案例2

中国女举最耻辱一败
周俊B组出战 三举零成功

分析

伦敦奥运会，中国女子举重运动员周俊失利，不少媒体的赛后报道标题使用了“耻辱”一词，这是报道者对赛果不满的一种明确表态，报道引起公众的不满和抗议，认为标题违背了奥林匹克精神，刊登了上述标题的《都市时报》随后在报纸中向周俊公开致歉。媒体报道对社会和公众会产生巨大的影响，态度鲜明、尺度恰当才能更好地发挥媒体的舆论引导功能。

3. 尽量用事实进行立场的表态

“用事实说话”的表态方式较为符合新闻特性和要求，报道者的观点和立场也更容易为读者所接受和认可。

案例

买全价票 看半场球

申花球迷在大连赛区被提前赶出场

分析

标题通过对“买全价票看半场球”及“提前赶出场”等新闻事实的揭示，表达了报道者对球迷利益受损现象的不满。

（六）使标题生动形象

体育新闻标题生动形象才能更好地吸引读者的注意，引发其进一步阅读报道，编辑可借助文字技巧等方式使标题生动形象。

1. 巧用数字

案例

中国男篮79比81波兰，结束热身前往伦敦

最后1.7秒，胜果丢了[109]

分析

报道的引题“中国男篮79比81波兰，结束热身前往伦敦”揭示了比赛结果，“79比81”的两分之差和主题中的“1.7秒”生动形象地使读者感受到了比赛的激烈、紧张，也隐隐透露了报道者惋惜的心情。

2. 多用动词

体育运动富含动感和激情，体育报道标题应多用动词，化虚为实，化静为动，使标题富有动感。

[109] 最后1.7秒，胜果丢了[N]. 南方都市报，2012-7-23（A22）.

案例

打平了　出线了[110]

亚冠小组赛末战，国安客场0比0平广岛三箭，1/8决赛将对阵首尔FC

分析

报道主题“打平了　出线了”生动形象地揭示了北京国安与首尔FC打平并顺利出线的新闻事实，两个“了”字也巧妙地表达了报道者对国安顺利出线的喜悦之情，副题则补充说明了相关的具体信息。

3. 巧用口语

报纸体育编辑可通过口语入题，拉近与读者距离，新闻标题口语化的主要形式有以下几种方式：

（1）用日常口语、生活用语入题

都市报等报道风格较为轻松的体育报道标题可用市民的日常口语、用语入题。

案例

“农民NBA”开赛啰[111]

分析

“啰”字的使用使标题叙述语气更显随意和平易近人。

（2）用地方语言入题

地方性报道可用方言入题，拉近报纸和本地读者的距离，全国性报纸体育报道用方言入题须谨慎，必须以大多数读者都熟悉的方言入题，确保读者能理解标题要传递的信息。

案例

布冯“衰多口”惹祸上身[112]

分析

报道中的“衰多口”一词为广东方言，意思与“言多必失”相近，指乱说话而导致不好的事请发生。《羊城晚报》是一份立足于广州的地方性报道，这个当地人较为常用的方言可以拉近报纸和读者之间的距离。

[110]　田颖，安百隆.打平了　出线了[N]. 新京报，2013-5-1（A21）.

[111]　“农民NBA”开赛啰[N]. 新华日报，2009-1-30（A2）.

[112]　布冯“衰多口”惹祸上身[N]. 羊城晚报，2012-6-12（A11）.

（3）用谚语、歇后语、俗语、流行语入题

编辑可根据新闻信息的具体情况，考虑以大多数读者都熟悉的谚语、歇后语、俗语、流行语来入题，

案例

英国成36年最囧东道主[113]
太阳报打出“渴望金牌”标题

分析

报道中的“囧”字为新兴的网络流行语，与窘的释义一样。

（4）标题用第一、二人称和直接引语入题

标题用第一、二人称和直接引语入题，使报道更显接近性，平实、随意的叙述语气也能更好地拉近和读者的入题。

案例

韩国，我们来啦！[114]
本报江苏球迷亚冠助威团出征

分析

“我们”两字的使用拉近了报道和读者的距离，使读者容易产生代入感。

4. 运用修辞手法

报纸体育编辑可借用比喻、双关、对偶、借代等修辞手法使新闻标题生动形象，富有韵味，但应避免生硬、老套。

（1）双关

指在一定的语言环境中，利用语义和语音的条件，有意使语意具有双重意义，言在此而意在彼。双关有四种形式：谐音双关，语意双关，音形双关，音、形、义双关。

案例

郑“捷”[115]
兔年完美收官，郑洁八连胜挺进澳网16强

[113] 英国成36年最囧东道主[N]. 扬子晚报，2012-8-2（A37）.
[114] 韩国，我们来了！[N]. 扬子晚报，2013-2-25（A22）.
[115] 郑“捷”[N]. 现代快报，2012-1-22（A24）.

分析

报道主题采用了双关的修辞方法，郑“捷”是网球选手郑洁的谐音词，捷字有胜利之意，采用该谐音字，巧妙地点出了郑洁八连胜挺进澳网16强的骄人战绩。

（2）排比

指把三个或三个以上意义相关或相近，结构相同或相似和语气相同的词组（主谓/动宾）或句子并排，达到加强语势效果。

案例链接

朱骏来了 申花赢了 球迷笑了[116]

分析

报道标题采用了排比的修辞方法，连用三个“了”字，较好地加强了标题的语势。

（3）镶嵌

是指在词语中，故意插入虚字、数目字、特定字、同义字、异义字，来拉长文句的修辞法，可分为镶字与嵌字两种。镶字：用无关紧要的数目字或虚字穿插在字词间，以拉长文句。嵌字：故意用特定的字嵌入语句中，使文字的安排往往形成美妙的辞趣。

案例

再“杜”美“丽”[117]

分析

标题采用了镶嵌和双关的修辞方法，标题采用的是嵌字，将北京奥运会冠军和雅典奥运会冠军杜丽的名字，嵌入标题中，形象生动地揭示了杜丽蝉联奥运冠军的新闻事实。

（4）借代

是指不直说事物的名称，而是用与本事物有密切关系的事物来代替本事物。比较含蓄，能使描写对象更形象。

案例

黄绿色淹没了星条旗[118]

美国队在田径场上的霸主地位受到挑战

[116] 朱骏来了 申花赢了 球迷笑了[N]．新闻晚报，2012-5-28（A2　6）．

[117] 再“杜”美“丽”[N]．扬子晚报，2008-8-15.

[118] 厉苒苒.黄绿色淹没了星条旗[N]．新民晚报，2008-8-15（A9）．

分析

报道标题采用了借代的修辞方法，牙买加国旗是黄绿色的，美国国旗是星条旗。这里用两国国旗的颜色来指代两国的田径队。

（5）仿词

是指根据表达需要，更换现成词语的某个语素或词，临时造出新的词语，临时仿造出新的词语，改变原来特定的词义，创造出新意的修辞手法。

案例

独得45分，率领热火进入“抢七”
小皇帝：让打击来得更猛烈些吧！[119]

分析

报道标题采用了仿词的修辞方法，标题仿照了高尔基的《海燕》里的“让暴风雨来得更猛烈些吧！”

（七）锤炼标题的文字

标题制作好后，应认真锤炼文字，在不影响语义表达的前提下，使其简洁凝练。

锤炼文字可从以下几个方面进行：突出核心新闻事实，省略不必要在标题中交待的新闻事实、删去标题中可有可无的词和字，适当使用简称，简称应当是约定俗成的，为大众所知道和接受，同时应考虑所在媒体的读者情况。

案例

东部决赛第三场·凯尔特人101比91热火（总比分1比2）
KG被激活，“热”盼波什！

分析

标题中的KG是指NBA球星凯文·加内特（Kevin Garnett）的简称，都市报的读者大多为普通市民，并不全是资深的篮球迷，该简称的使用是否恰当值得商榷。

二、常用的标题制作练习方法

新闻标题制作常用的练习方法有遮题法和比报法。

[119] 吴吉.小皇帝：让打击来得更猛烈些吧！[N].现代快报，2012-6-9（A21）.

（一）遮题法

在阅读新闻报道时，先不看新闻标题，而是仔细阅读报道正文后，试着进行标题制作，并与原题对比，吸取经验。

（二）比报法

对比不同媒体的同题报道标题，取长补短。

三、新闻标题制作的常见误区

编辑在制作新闻标题时，应力求标题的准确、客观，避免出现以下几种误区：

（一）题文不符、言辞夸张

案例

李章洙忧心南京火炉拖垮球员
京籍悍将欲斩国安献功

分析

京籍球员陆博飞在文章中表示：“我是北京人，曾经也想去国安效力，但是因为种种原因没有去成。所以周六的比赛，我要在北京人面前证明自己。”标题中的表述——“京籍悍将欲斩国安献功”，言过其实、有哗众取宠的嫌疑。

（二）标题引起读者误解

案例

图6-8 《*报》2010-7-9 头版

分析

乍看新闻的主标题，还以为西班牙6比1胜了荷兰，新闻标题中的数字比为入选世界杯最佳阵容的球员比例，西班牙入选6人，荷兰仅斯内德1人入选，该主标题容易让读者产生误解。

（三）简称使用不恰当

案例

再请洋教押宝伦敦奥运
中国足球进入新一轮豪赌

分析

从文章报道看，标题中的洋教是洋教头或洋教练的简称，从外国所传来的宗教信仰也通常被称之为洋教，标题中使用简称应规范，不能引起歧义和误解。专业词汇、项目、赛事名称等的简称应为大家所普遍接受。

（四）用语粗俗

案例

添分母，顶屁用
1：0战胜磐田积6分勇得A3亚军，鹿岛以不败战绩获得冠军

分析

媒体用语应注意文明和舆论影响。

（五）标题中含歧视性用语

案例

蒙古大夫居然驰骋意甲
免费队医害拉齐奥大面积兵荒

分析

标题用“蒙古大夫”来指代庸医，这是一个带有歧视性的报道标题。

（六）人文关怀缺失

案例

中国足坛真闹心 今天你被砍了吗?
深圳队主力陆博飞凌晨回家时被人用刀砍伤，将缺席本赛季剩下的6场比赛。

分析

标题使用“今天你被砍了吗？”这一语带调侃的措辞很不合宜，标题欠缺人文关怀意识。

（七）悖离体育精神

案例

国际友谊赛 趁西班牙球员准备不足 智利要报仇雪恨

分析

在标题中同时出现“友谊赛”和“报仇雪恨”两个用语不合宜，“友谊第一、比赛第二”仅仅是一个口号？新闻报道应注意引导读者树立正确的体育观，真正理解体育和体育精神。

（八）用语暴力、血腥

案例

刘翔七步杀弗

图6-9《*报》2011/5/16

李娜激情“杀”娃

图6-10《*报》2011/6/3

分析

标题用语应考虑舆论影响，注意不能过度暴力、血腥。

（九）标题色情化，语义暧昧

案例

9’69破百米纪录；9’30破200米纪录，成为奥运史上短跑第一人

上帝射出博尔特！

分析

上述标题是一则为大众所争议的语义暧昧的色情化标题，报纸编辑不能仅仅考虑标题是否能吸引人的眼球，更要考虑报道的舆论影响。

除了上述谈及的九个误区外，欠缺个性、断句不当、平淡乏味、笼统抽象、用语艰涩

啰嗦等也是标题制作容易出现的问题，报纸编辑在制作标题时，还应从读者角度出发，力求标题制作更好地适应读者的阅读需求。

思考与练习

1. 选择一份近期的报纸，分析新闻报道标题的结构和类型

2. 阅读报道，选择列入标题的新闻内容，并试着制作新闻标题

本报讯 昨天下午，篮协公布了中国男篮第二批裁员名单，经过上周与美国明星队热身赛考察后，辽宁后卫杨鸣与北京新星朱彦西不幸出局。前者已经被通知离队，后者则作为贮备力量转入国奥队继续培养。

在篮协的裁员公告里，朱彦西被“下放”的主要原因是“技战术能力暂未达到国家队备战的要求”。这位上赛季为北京队夺冠立下过不小功劳的内线新星却未能在国家队找到适合自己的位子，上周中国队与美国明星队的热身赛里，朱彦西都得到过上场机会，不过平均每场出场时间都不到10分钟，三场比赛下来一共只有7次出手投篮的机会，且得到0分。这样的表现显然不能打动主教练邓华德，不过年轻的朱彦西并非就此彻底与国家队无缘了，事实上篮协以“考虑到该球员未来的发展潜质”为由，决定让朱彦西转入国奥队集训，即便不能在今夏出现在伦敦奥运赛场，他的未来也依然值得期待。

另一名被裁的球员杨鸣恐怕就很难再有机会冲击奥运名额了，这位27岁的辽宁后卫已是第三次入选男篮一队又被裁出局，这次他落选的原因是伤病。由于伤病困扰，杨鸣在热身赛里压根就没得到出场机会，在篮协的裁员公告里，对杨鸣被裁的解释也是“个人身体原因”。

此番裁员后男篮还剩17人，除去易建联，邓华德将率领16名队员于下个月初前往澳大利亚拉练，下一次裁员有可能在7月中旬。

3. 运用所学知识，对前章已选好的体育新闻稿件的标题进行修改。

第七章 体育新闻稿件配置

本章提示

体育稿件通常以两种形式出现在版面上，一是单稿形式，即一稿一事，稿件与稿件之间内容互不关联。二是组稿形式，即若干篇主题相关稿件组成一个稿群。新闻稿件配置，是指编辑按照一定的报道意图对稿件进行组合和编排，是编辑继选稿、改稿后对体育新闻稿件的最后一次编辑处理，通常是在单篇稿件处理完毕后，进入版面设计前进行的一个编辑流程。新闻稿件配置是对新闻稿件的发展和优化组合，编辑要重视新闻稿件配置工作，实现最优报道效果。体育新闻稿件配置的主要形式有稿件发展和稿件组合。

学习目标

1. 了解体育新闻稿件配置的作用。
2. 了解体育新闻稿件发展的基本方法。
3. 了解体育新闻稿件组合的基本方法。
4. 学会运用体育新闻稿件配置方法。

第一节　体育新闻稿件配置的作用

本节要点

1. 满足受众深入、全面了解报道对象的需求
2. 满足受众多元化的信息需求
3. 深化新闻报道主题
4. 表达报道者意图，传递情感

体育新闻稿件配置通过对单篇稿件的发展和优化组合，能有效地提高报道质量，它的作用主要有以下四个方面：

一、满足受众深入、全面地了解报道对象的需求

报道全面、深入的单篇稿件往往篇幅过长、报道内容过多，容易出现报道主题不突出，内容冗杂，读者阅读吃力的反效果。报纸编辑丰富体育报道内容的最好方式是配稿。稿件配置可使稿件多角度、多层次、全方位地报道同一主题，满足读者全面了解新闻事件的需求，加深其对报道对象的认识，增加新闻信息量。

案例

A20
Sports 体育新闻
做客 吃到34次犯规

图7-1《新京报》2012-12-1　A20版

分析

《做客 吃到34次犯规》对北京男篮客场击败辽宁队的新闻事实进行了报道，版面还同时配发了三篇稿件：北京队主教练闵鹿蕾的采访、北京队新人韩崇凯本场表现的报道以及CBA相关比赛的战报。三篇稿件围绕该场比赛从不同角度对比赛进行了报道，从而使报道内容更为丰富，读者获得了关于本场比赛的多元信息，使其信息需求得到了较大的满足。

二、使新闻报道角度和形式更为多样，满足受众多元化的信息需求

报纸编辑综合运用多种体裁和报道语言，对新闻稿件的合理配置，使报道角度和形式更为丰富多样，满足现代读者多元化的信息需求

案例

86球 梅西 封神

图7-2《现代快报》2012-12-11 A8版

分析

《86球！ 梅西封神》对梅西打破穆勒年度进球纪录的新闻事实进行了报道，版面围绕该主题配发了多篇稿件：《梅西就是球王》、《梅西为什么这么强？》、《等待梅西的纪录》、《梅西超越穆勒》、《梅西的进球部位》、《进球时段分布》、《进球场次分布》，报道角度多元，报道形式多样，包括消息、解释性报道、链接性资料、点评、图片新闻等，报道角度和报道形式多样能使读者的不同需求得到较大满足。

三、深化新闻报道主题

编辑通过恰当的稿件配置，可以加深读者对报道对象的了解和认识，有效地起到深化主题的作用。

案例

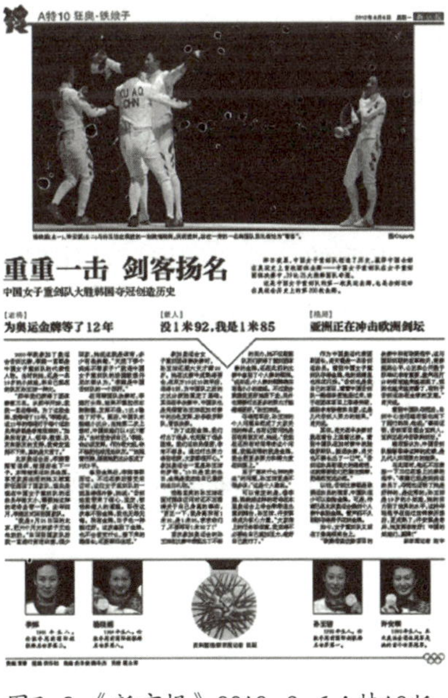

重重一击 剑客扬名

中国女子重剑队大胜韩国夺冠创造历史

为奥运金牌等了12年

亚洲正在冲击欧洲剑坛

图7-3《新京报》2012-8-6 A特10版

分析

新闻《重重一击 剑客扬名》对中国女子重剑队战胜韩国，夺得中国击剑在奥运史上首枚团体金牌的新闻事实进行了报道，报道配置了三个稿件：《老将》、《新人》和《格局》，“老将李娜为奥运金牌等了12年”的新闻事实和新人孙玉洁的采访使读者深深感受到了这枚金牌的来之不易，稿件——《格局 亚洲正在冲击欧洲剑坛》则对新闻事件的意义进行了报道和分析，新闻稿件的合理配置使报道的主题得到了进一步深化。

四、表达报道者意图，传递情感

编辑可以通过合理的体育新闻稿件配置，综合运用稿件发展和稿件组合，传递情感，反映编辑的报道思想。

案例链接

1999年3月28日，《北京晨报》头版刊出了《和平：绿茵场上生龙活虎》和《战争：南联盟人民水深火热》两篇双头条报道，并做了对角题，同时配发了比赛现场和面容悲伤的母亲怀抱婴儿的新闻照片，两篇稿件的组合报道，起到了强烈的对比效果，传递了“要和平不要战争”的报道思想。

第二节　体育新闻稿件的发展

本节要点

1. 体育新闻稿件发展的主要方法
2. 赛事新闻稿件的发展

一、体育新闻稿件发展的主要方法

体育新闻稿件发展是报纸编辑对已有新闻稿件做资料、观点或最新信息的补充。稿件发展的方法主要有配发新闻、配发资料、配发评论和加按语。

（一）配发新闻

体育新闻稿件发展的主要方法，是对稿件中新闻事实的一种“发展”：体现报道客体与其他相关事物间的联系，新闻事实的最新发展或引发结果的补充报道。

（二）配发资料

体育编辑根据读者信息需求，为新闻稿件配发相关资料：新闻背景、新闻人物与组织资料、新闻发生地情况介绍、科学知识和词语解释等。

案例

上签！

2013年亚冠联赛，舜天和韩国K联赛冠军、日本J联赛亚军以及一支资格赛球队分在一组

中超四强分组

很重视！四大高层赶到现场

很幸运！江苏舜天抽到好签

很低调！尽力打好每场比赛

图7-4 《现代快报》2012-12-7 A8版

分析

《上签！》对2013年亚冠联赛的抽签情况进行了报道，新闻对报纸所在地球队江苏舜天的抽签进行了详尽报道，主要新闻从俱乐部高层重视抽签、抽签情况和分析、俱乐部表态等角度进行报道，编辑还配置了四个小版块的新闻：“他们说”版块通过采访舜天主帅德拉甘、领队杨晨、球员姜嘉俊，对球队不同人员对抽签结果的反映进行了报道，“赛程”版块呈现了舜天的小组赛程，“对手”版块还配发了舜天小组赛的三个对手的资料介绍，报道还对中超四强的分组情况进行了报道，稿件配置较为细致地考虑到了读者对于不同信息的需求。

（三）配发评论

为表达报道者的观点和态度，编辑可为重要的体育新闻稿件配发简短的言论，一般篇幅不宜过长，不能长于所依托的新闻稿。

案例

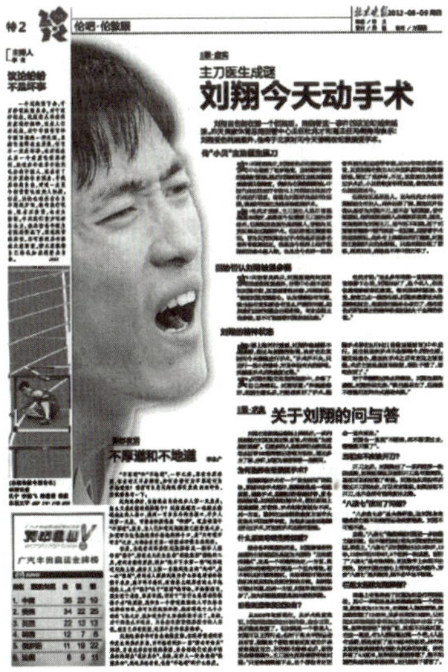
主刀医生成谜

刘翔今天动手术

关于刘翔的问与答

不厚道和不地道

图7-5 《北京晚报》2012-8-9 特2版

分析

图7-5为刘翔因伤退赛将动手术的专题报道版面，版面下方中部配发了一篇新闻评论——《不厚道和不地道》，篇幅较短，未长于所依托的新闻稿。

（四）加按语

编辑对发表的体育新闻稿件附加简单的说明或批注，包括说明性按语和评论性按语。

1. 说明性按语

对发布稿件的背景、用意，对稿件的来源、作者的情况等予以说明，也可以对稿件中某一句话、某一个字做解释说明，以帮助读者准确理解。

2. 评论性按语

对整篇稿件或者稿件中的某一部分发表意见，引起读者注意和思考。相比配评论，更加简短，一般没有标题。

案例

特4

伦吧·中国红

摘得男子50公里竞走铜牌

司天峰累得直不起腰

教练两句话 改变他人生

神奇达米拉诺

图7-6 《北京晚报》2012-8-12 特4版

分析

版面左上方的一段“主持人”的话属于评论性按语：“在中国篮球、中国足球、中国排球、中国击剑等项目纷纷引进洋教头之时，中国田径也悄然做足了“引进来”的工作。随着意大利籍竞走名帅达米拉诺的到来，中国竞走插上腾飞的翅膀，本届伦敦奥运会收获一金两铜。达米拉诺训练方法科学，训练理念先进，运动员的训练量比以往大了，但却并不感觉比以往更累。“比赛见证了我们的进步。”正如司天峰所说，“以前根本没敢想能赢俄罗斯人”，而现在敢想了，这就是达米拉诺给中国竞走带来的改变。感谢达米拉诺。”

编辑针对“司天峰摘得男子50公里竞走铜牌”的新闻事实发表了相关评论，对司天峰取得佳绩的原因进行了探讨，引发读者对体育项目引进洋教头的思考。

二、赛事新闻稿件的发展

赛事是体育新闻重要的报道对象，由于读者已从电视、网络等媒介，获知了比赛的结果和赛况，报纸编辑可以通过稿件配置，致力于全面报道对象的不同侧面和深入挖掘新闻事实，不能仅仅满足于报道赛事的赛况、赛果、球员表现，还应努力呈现比赛背后的故事和意义。

案例

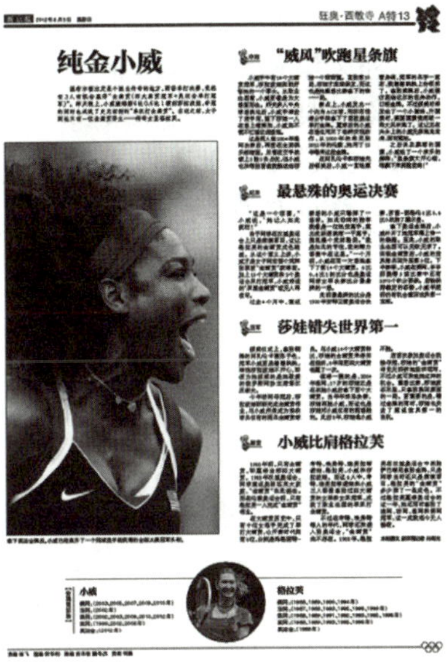

纯金小威

"威风"吹跑星条旗

最悬殊的奥运决赛

莎娃错失世界第一

小威比肩格拉芙

小威

格拉芙

图7-7 《新京报》2012-8-5 A特13版

分析

《纯金小威》对小威廉姆斯2012年8月4日晚击败莎拉波娃，夺得奥运会网球女子单打冠军，成为继格拉芙之后的第二位“单双打金满贯”（四大满贯冠军+奥运会单打冠军）得主的新闻事件进行了报道，报道没有太多地报道赛果和赛况，而是着力于挖掘新闻背后的故事和意义，报道配置了四篇稿件：《“威风”吹跑星条旗》（颁奖升国旗时美国国旗飘落的花絮）、《最悬殊的奥运决赛》（本场比赛为奥运网球女单决赛比分最悬殊的一场）、《莎娃错失世界第一》（错过金牌的同时，莎娃也失去了重返世界第一的良机）以及《小威比肩格拉芙》，并配置了资料：小威和格拉芙赢得四大满贯冠军和奥运会女子单打冠军的年份。

第三节　体育新闻稿件组合

本节要点

1. 体育新闻稿件组合的主要方法
2. 体育新闻稿件组合的主要形式

一、体育新闻稿件组合的主要方法

稿件组合是指若干篇具有某种内在联系或共同特点的稿件组织成的稿群。编辑可将内容相同、主题相同、形式相同、内容对立的体育新闻稿件进行组合报道。

（一）内容相同

报道所涉及的事件、人物、地点、时间等有相同性。

案例

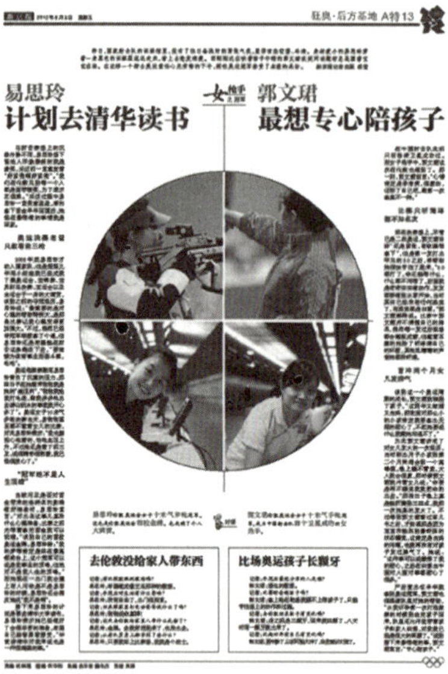
易思玲
计划去清华读书
郭文珺
最想专心陪孩子
去伦敦没给家人带东西

图7-8《新京报》2012-8-3 A特13版

分析

新闻《易思玲计划去清华读书》和《郭文珺最想专心陪孩子》对两位伦敦奥运射击冠军的赛后打算进行了报道，报道内容的事件——“赛后打算”和时间具有相同性。

（二）主题相同

报道的中心思想一致。

（三）形式相同

报道的形式、体裁一致。

案例

悲情
2012
英雄
心头忧
英雄失手让人愁

图7-10 《现代快报》2012-8-13 A19版

分析

版面报道属于报道主题和形式相同的稿件组合。

（四）内容对立

从稿件内容矛盾性中提炼主题，形成鲜明对比，深化稿件主题。

案例

图7-11《现代快报》2012-8-8 A27版

分析

《没关系，我值了》对陈一冰因裁判不公正判决而失去金牌的新闻事件进行了报道，尽管不公正待遇未得到改变，但陈一冰表现了“享受体育”的良好体育风尚。版面下方的报道《对不起，我错了》对英国《自然》杂志向叶诗文郑重道歉的新闻事件进行报道。同样遭受不公正待遇的两名中国运动员，一位未得到有关方面的积极回应，一位则得到有关方面的道歉，编辑将内容性质对立、形成鲜明对比的两篇报道进行组合报道，并配以“对不起、没关系”的新闻标题，巧妙地表达了报道者的观点和立场，也使报道主题得以深化。

二、体育新闻稿件组合的主要形式

体育新闻稿件组合主要有同题组合、专栏组合、版面集中编排等形式。

（一）同题组合

将相关的若干条稿件放置在同一个标题之下，作为一个整体发表。

案例

图7-12《现代快报》2012-8-13 A21版

分析

同题报道《心头忧 盛年已去难回头》对菲尔普斯、王治郅、罗伯斯和魏秋月等将要退役运动员进行了组合式报道。

（二）专栏组合

以集纳性的专栏将主题相关联的稿件进行组合报道。专栏的类型主要有以下三种：

1.根据出版的时间，分为固定专栏（在一段时间内连续出现）和不固定专栏（非连续性出现，临时组成）。

2.根据专栏传播方式，分为单向告知式、双向问答式、多向讨论式。

3.根据专栏内容、体裁，分为单一性稿件和综合性稿件。

（三）版面集中编排

将若干篇相关的体育新闻稿件在版面上进行集中编排，如图7-11。

案例链接

现代快报 A11版

打球赢不了 那就换帅吧

青岛男篮两连败，主帅姜正秀黯然下课

打球赢不了 那就打架吧

朗多挥拳引群殴，凯尔特人输人又输球

图7-11 《现代快报》2012-11-30 A11版

思考与练习

1. 体育新闻稿件发展的基本方法？
2. 体育新闻稿件组合的基本方法？
3. 选择一份报纸，分析体育新闻稿件的配置。
4. 运用所学知识，对前章已选好的体育新闻稿件进行配置。

第八章 体育新闻版面编排

本章提示

版面是报纸的“橱窗”，各类稿件在报纸上编排布局的整体产物，是新闻内容的整体表现形式，是读者第一接触的对象，是报纸视觉识别系统的重要组成部分。版面编排又称为版式设计，版式是报纸的产品形象设计，报纸体育编辑应高度重视版面编排工作，根据一定的指导思想，合理运用版面语言，恰当地安排稿件。媒体融合时代，编辑尤其需要注意准确、深入、全面地了解读者的阅读心理习惯和需求，以更好地发挥报纸体育版面的作用。报纸体育版面设计成功的关键：一是版面编排思想正确，二是运用版面语言把编排思想准确、恰当、富有创造力地表现出来。体育新闻版面相比其他类型新闻的版面应更为注重美观与创新，给读者以轻松愉悦、耳目一新的阅读感受。

学习目标

1．了解报纸版面编排发展。
2．了解版面编排的功能。
3．了解版面编排的基本术语。
4．掌握体育新闻版面编排的具体操作。

第一节　报纸版面编排概述

本节要点

报纸版面编排发展

版面编排的功能

版面编排的基本术语

一、报纸版面编排发展

伴随着社会和科技的进步，以及报纸和新闻业的不断发展，报纸版面编排也在激烈的市场竞争中，以读者信息阅读需求为基点，不断尝试与开拓。报纸版面编排发展包括了版面设计理念的演进和版面编排技术的演进等方面。

（一）报纸版面设计理念的演进

1. 中国报纸版式的三次改革

随着改革开放的推进，报业的市场竞争日趋激烈，中国报纸的版面编排也经历了一次次蜕变，以更好地适应和满足读者的阅读需求。刘晓璐总结了改革开放后，中国报纸版式经历的三次改革，见表8-1[120]：

表8-1　中国报纸版式的三次改革

	时间	主题	背景	成就	代表
第一次改革	20世纪80年代初	晚报复兴	改革开放思想解放	总版数和彩版数量增加； 版式活泼多变，用色大胆，配合“群众喜闻乐见”的报道内容； 对僵化呆板、千报一面的版式格局有一定突破。	《新民晚报》 《羊城晚报》
第二次改革	20世纪90年代初	都市报兴起	市场经济市场竞争	总版数和彩版数量极大增加； 最大限度释放版面元素的表现力；横冲直撞的排版方式突破传统版式诸多禁忌；浓眉大眼的风格强调版面视觉冲击力； 版式要为销售尽可能地“抓人”	《北京青年报》 《南方都市报》 《新快报》

[120]　刘晓璐.经典报纸版式设计[M]．广州：广东人民出版社，2008：5.

续表

第三次改革	2001年春夏	报业进入品牌时代	中国入世整合营销品牌观念	“模块式”最终确立； 真正地、科学地关注市场和读者的阅读需求； 从版式到报型，全面借鉴甚至模仿国际大报； 版式与报纸品牌的关系逐步明晰。	《经济观察报》《第一财经日报》、《21世纪经济报道》、

2. 媒体融合时代的版面编排

媒体融合时代，网络等新兴媒体的出现，读者阅读习惯发生了重大的变化，报纸体育编辑也试图使版面编排更好地满足读者的阅读需求。如更加强调报纸引导和方便读者阅读功能，通过有趣、生动、美观和具有新意的版面设计吸引读者，调动读者激情和感受，尽可能为读者阅读带来方便和舒适。同时，力求形成报纸版面编排的特色与个性，强化报纸视觉识别功能，体现报纸风格。

案例

生活 体坛

小贝代言中超？真的！还要出席开幕式？假的！

代言合同早已谈妥，但只限于海外推广

图8-1 《重庆时报》2013-2-22 30版

生活 体坛

精彩灯光、拉拉队表演难掩比赛一塌糊涂

CBA星锐赛也就王哲林能看

耳鼻咽喉健康快讯

图8-2 《重庆时报》2013-2-24 15版

分析

《重庆时报》采取网格化的版式排版，版面风格更趋简单、大方，版面编排还采用了“指尖关怀”设计，避免了以往读者阅报手指沾上油墨的弊端。

媒体融合时代，报纸体育版面编排的基本原则主要有以下四条：

（1）以读者需求为出发点，方便和引导读者阅读

（2）欣赏性、趣味性和视觉冲击力强，不断创新

（3）报道内容与版式一致，充分利用版面

（4）注重社会效果

资料链接1

西方报纸版面的基本原则[121]

原则	内涵
实用	从人的生理、心理出发，使读者阅读方便、舒适。 减轻读者的视觉疲劳，顺应读者心理，有利于读者思维。
经济	尽可能节约版面。
平衡	版面平衡可以是形式上的，也可以是不拘形式的：心理上、视觉效果上的平衡。
比例	版面的各种元素在比例上合理，看起来舒服和美，初学者应遵循的基本原则： ①最好的比例是不相等，但是又不能太悬殊。 ②悦目的比例很多，最方便也最悦目的比例是3：5. ③比例并不要求精确，以免限制了艺术想象。 ④把版面区分，要遵守不相等原则，无论纵长还是横阔。 ⑤决定部分与整体关系时，避免比例的夸张。

资料链接2

西方报纸版面改革的七个趋向[122]

一、强化信息数量与质量

二、追求“纯净版面”

三、强调视觉冲击

四、专刊多元，活泼美观

五、开张小型化

六、扩大广告版面空间

七、体现报网互动

（二）报纸版面编排的技术演进

20世纪50年代，计算机主机、个人电脑、网络先后出现，人类逐渐进入信息化社会，新信息技术为平面印刷的报刊业带来新的革命。20世纪70年代，西方开始研制与电脑相连的精密照排技术。1976年，英国推出了第一台处理英文的激光照排机。此后美国、日本和西欧一些发达国家新闻出版业开始普遍使用激光照排技术。

我国研制激光照排的过程起点是748工程。1979年，第一台样机诞生。1987年5月22日，《经济日报》采用华光电子出版系统获得成功，成为世界上第一张用计算机激光屏幕组版、输出的中文报纸。此后，报纸排版告别了铅与火，进入了光与电的时代。报纸传统排版一共要经过24道工序，编辑处理稿件主要靠纸和笔，传递稿件、排字和拼版都是人工进行，电子排版技术的出现有助于编辑更好地实现版面设计理念。

[121] 赵鼎生：《比较报纸编辑学》，人民日报出版社（2009），191-193页。

[122] 许正林：《西方报纸版面改革的七个趋向》，《新闻记者》2009年第四期，http://xwjz.eastday.com/eastday/xwjz/node328058/node328059/u1a4299861.html

报纸传统排版和电子排版流程如表8-2：

表8-2　报纸传统排版与电子排版流程

报纸排版	具体流程
传统排版	记者采写成稿→编辑改稿 →排字工人排出小样→初校→排字工人改出清样→副主任审改小样→编辑修改小样→排字工人两次改样→二校→排字工人改出清样→编辑组版画版样→排版工人拼版→出大样、三校→编辑改大样→部主任审改大样→总编辑审改大样→排版工人改版→编辑复印→校对复印→检查大洋→排版工人改清样→ 打纸型→浇版→印刷（检查、发现问题立即停机修改）
电子编排	记者采写录入、外稿→ 编辑终端审稿改稿、扫描图片文件→部主任审改→编辑组版→总编审改→编辑拼版→校队审改→编辑改版→部主任、总编审改→编辑改版、激光照排出胶片、制成PS版印刷纸质报纸→将ZP等分解成小样文件，制作成用于网上发布的电子版

资料链接

常见电子排版软件介绍

北大方正公司的飞腾是国内报社较为常用的中文报纸排版软件、Adobe公司的InDesign是国际较为常用的专业排版软件，常用的软件还有Adobe公司的PageMaker、Quark公司的QuarkX-press和Microsoft公司的Publisher等。

二、版面编排功能

报纸版面编排的功能主要有以下几个方面：吸引读者注意、方便和引导读者阅读、体现报道者情感和立场、体现报纸定位和风格。

（一）吸引读者注意

版面编辑可通过大篇幅的标题、有视觉冲击力的图片和合理、别致、创新的体育版面设计，吸引读者眼球、激发读者的阅读兴趣。

案例

图8-3　《辽沈晚报》“奥运史记”版面1

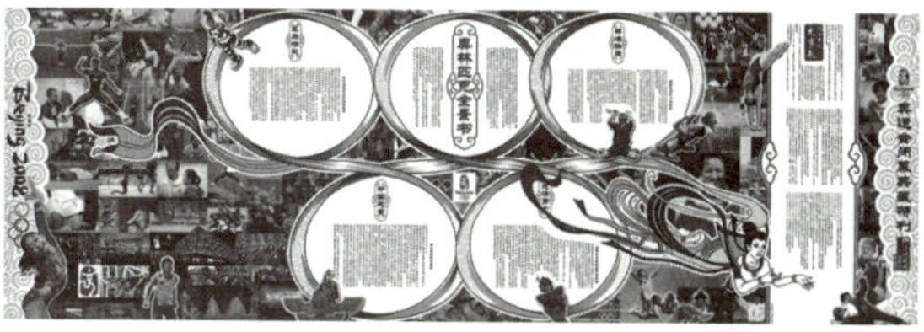

图8-4　《辽沈晚报》“奥运史记”版面2

分析

“奥运史记”版面获第30届全球最佳报纸版面设计大赛新闻版版面设计银奖，版面以《史记》为特刊版面设计主题，风格典雅、大气，借用竹简、飞天等传统文化元素，充分体现中华文明底蕴和传统文化特色，强调古朴美和现代原色的结合，版面分为本纪、世家、列传、书、表五大部分，新闻图片以手绘为主，人物头像处理成竹雕效果。图8-3的版面色彩、版式古朴、厚重，图8-4的版面采用飞天与奥运五环结合的方法展现奥运健儿的风采，版面对开8连版，长1.56米，该版面的设计美观、具有新意，能较好地激发读者的阅读兴趣。

（二）方便和引导读者阅读

报纸的版面编排应最大程度地方便读者阅读，版面编排应为新闻信息传播和读者易读性服务，读者意识的增强在版面上最鲜明的体现是重视报纸的易读性，版面设计更趋简洁，“纯净版面”能更好地提升读者的阅读舒适度，读者读报时间有限，过于繁复的形式妨碍了读者高效地获取体育新闻信息。全球最佳报刊设计评委会指出“削减超载信息，简化阅读过程，实质上就是提升了信息含量，也就有效地传递了信息。”注重阅读引导的版面编排更符合现代人快节奏生活的阅读需求，编辑应通过合理的编排，使版面能方便与引导读者阅读，做到主次分明、清晰梳理信息层次、恰当使用版面语言，避免可能带来的读者误读和阅读障碍。

案例

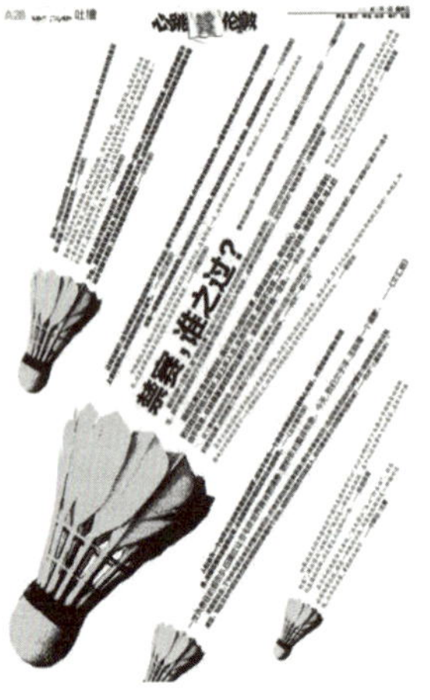

图8-5 《*报》2012-8-3 A28版

分析

版面编排在追求创新的同时，一定要以读者阅读的方便性和舒适性为前提。

语录链接

加西亚（《华尔街日报》改版主设计师）：“报纸是用来阅读，而不是观看的。”

（三）体现报道者情感和立场

报纸体育编辑可以通过对版面语言的巧妙运用传递情感和表现立场、态度。

案例

东方卫报
风萧萧兮易水寒
壮士一去兮不复还

图8-6《东方卫报》2012年8月8日头版

泳池双金王
叶子破天荒

图8-7《京华时报》2012年8月2日A38

分析

两个版面分别以黑色和红色为主的版面色调运用起到了传情达意的作用。

（四）体现报纸定位和风格

一贯稳定的版面编排风格能展示报纸特色和个性，使读者将该报与其他报纸相区别，形成独特印象。党政色彩浓烈的机关报和市民化的都市报纸版面会因为目标读者的不同而呈现不同的编排风格。版面编排个性鲜明的报纸令人印象深刻，形成差异化竞争。

案例

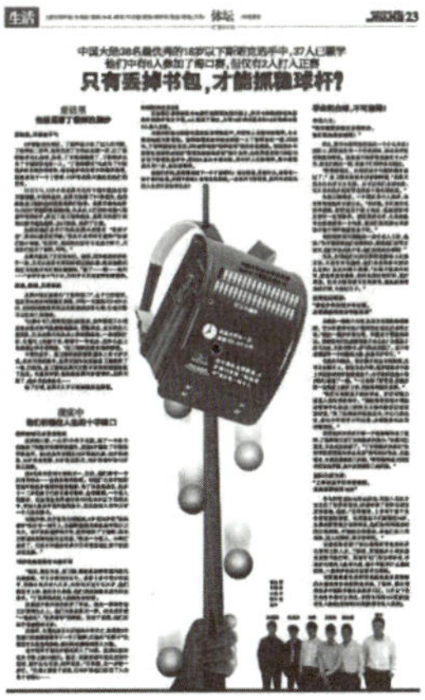
只有丢掉书包，才能抓稳球杆?

图8-8《重庆时报》2013年2月27日23版

神射手
签泰达

图8-9《球迷》2013年2月18日3版

分析

《重庆时报》体育版面网格式编排和《球迷》报的竖排报眉设计都是具有创新性的版面编排方式，别具一格，形成了自己的特色。

三、版面编排的基本术语

（一）开张

报纸面积的大小。通常以整张印刷纸裁开的若干等份的数目作为标准来标明报纸面积的大小。以开张类型区别，报纸主要分为对开报和四开报。

1. 对开报

版面为1/2印刷纸大小的报纸，每版约39×55cm，长宽比例为1.397：1。党报、机关报采用对开报居多，如《人民日报》、《中国体育报》。

2. 四开报

版面为1/4印刷纸大小的报纸，每版约27.5 ×39cm ，长宽比例为1.444：1。都市类、市场化程度高的报纸采用四开报居多，如《新京报》、《体坛周报》。

全球引领小报化改版风潮的是英国报纸。2003年9月30日，《独立报》率先推出小报版本，与大报版本在市场上同时销售，让读者根据自己的喜好选择。2003年11月26日，《泰晤士报》在伦敦地区推出4开小报式样的版本，与大报版本同时发行。2005年9月，《卫报》走上小报化之路。世界报业协会统计数据显示，世界36%的主要报纸已经改成4开小报版。小报型的优势主要在于：（1）方便读者阅读；（2）内容往往更有吸引力，符合读者的阅读心理；（3）保留大报的传统精神；（4）节约成本，丰富版面内容；（5）体现了环保意识；（6）给读者全新的感觉，更符合审美要求；（7）发行与广告双丰收。[123]

案例

《重庆时报》的开张选择[124]

2004年8月创刊的《重庆时报》报型为对开报。《重庆时报》总编辑柳祖源分析了报纸开张选择的原因：本质上是由重庆报业市场的特点决定的。重庆是中国最年轻的直辖市、国家西部大开发的重镇和未来长江上游的经济中心，整个城市就像是个大工地，处于大发展时期，房地产市场每年以30%左右的幅度向上增长。大版面更利于房地产开发商完整地、形象地、大气地展示楼盘，重庆广告市场的现状决定了《重庆时报》选择大报形。与北京、上海、广州、成都等国内主要城市读者一般有上下班途中阅读报刊习惯不同的是，山城重庆路况复杂，重庆市民出行以自行车代步几不可能，公交车上下班高峰时人多路险，即便是四开小报，在拥挤、颠簸、不平稳的公交车上阅读也非常不易。办公室阅读、家庭阅读是大多数市民读报的习惯，这种读报场所比拥挤的公交车要舒适，有足够的空间展开报纸进行深度阅读。

此外，《重庆时报》选择大报形与华商报系及柳祖源本人的经历有关。华商报系在全国各地所办的都市报都是大报形，《重庆时报》选择大报形有利于在同一报形平台下进行集团

[123] 许正林.西方报纸版面改革的七个趋向[J]. 新闻记者，2009，4.

[124] 刘再兴.凭什么，《重庆时报》“给你好看”？[EB]. http://blog.donews.com/mediathinker/archive/2005/09/17/556917.aspx，2013-5-6.

内的资源共享。柳祖源曾经工作过的《华西都市报》、《潇湘晨报》都是大报形，大报形操作起来自然驾轻就熟。

最后，《重庆时报》的使命是做形神兼备的大报。重庆是个块状城市，在经济、文化、生活上没有绝对的中心区，市民的衣食住行基本上可以在本区内解决，其生活形态与消费行为与国内其他城市相比有较大不同。怎样增强这个块状城市的凝聚力、以大直辖市的形象呈现在世人面前，是重庆传媒应该思考的问题。重庆缺乏这样一张真正意义上的大报，以更多版式、更大空间、更大气派展现新兴直辖市的风貌与精神。

分析

小报型更符合读者休闲式的户外阅读需要，我国近年新创的都市类报纸也以四开报为主。但报纸具体选择何种开张的纸型还应以报社实际情况和目标读者需要为出发点和准则。

3. 异型报

与传统的对开报和四开报报型不同，报纸不是印刷纸的绝对等分大小。

案例链接

杭州日报报业集团主办的《都市快报》是中国第一份四开异型加长报，为中国第一份“瘦报”，长宽比例为1.629：1，比传统四开报更为窄长。《南方日报》为第一份启用“窄报”的党报，比传统对开报要窄，选用680mm黄金报型。

（二）版序

版面的先后次序，主要分为自然版序和版组化排版：

1. 自然版序的两种主要形式

（1）多张叠在一起，第一张正面为第一版和最后一版，背面为第二版和倒数第二版，第二张正面是第三版和倒数第三版，反面是第四版和倒数第四版，依此类推。

（2）分张依次叠放，第一张为一至四版，第二张为五至八版，依此类推。

2. 版组化排版

现代报纸版面增加，为了使读者更加方便、快捷地选择自己感兴趣的新闻内容，报纸按照相同类别的多张新闻版面组成一叠，每一叠为一个版组，并以A、B、C等编号，每一版组内分别依次排序。

案例链接

《新京报》[125]按报道内容分为4个叠次：A叠为时事评论、北京新闻、中国新闻、国际新

[125] 关于我们[EB]. http://i.bjnews.com.cn/gywm.html，2013-5-6.

闻、体育新闻，B叠为经济（财经）新闻和产业周刊，C叠为娱乐新闻和文化艺术新闻，D叠为消费新闻和生活杂志。

（三）版心

除去四周留的空白，一块版面上真正容纳文字与图片的区域。对开报版心面积：35cm×49cm，等分为8个基本栏的对开报，可容纳新五号字13104个字。

（四）栏

1. 基本栏

报纸版心可按照一定的栏数等分的若干栏。基本栏的划分是为了方便读者阅读和编辑排版，排版以基本栏为主。基本栏太长或太短，都不利于读者阅读，一般而言，对开报等分为八个基本栏为主，每栏每行可刊登13个新五号字（小五号字），四开报等分为六个基本栏的情况较为常见。网格化排版的报纸的基本栏栏数变少，每栏容纳的文字增加。

2. 变栏

版面编辑可根据实际需要对基本栏加以变化，变栏的形式主要有两种：

（1）长栏

也称为并栏，即将基本栏成倍合并，如将2个基本栏合并为1栏，3个基本栏合并为1栏等，长栏的特殊形式是通栏，即将所有基本栏合并为1栏，从左到右连排文字或刊登照片。

案例

A20 体育新闻·赛场

F4难阻湖人6连败

紫金版"超人"首秀很华丽

替补大比拼 湖人输39分

WNBA之王将转战WCBA

不容错过的新闻应用

图8-10《新京报》2012-10-23 A20版

分析

《新京报》版面等分为六个基本栏，每栏每行可刊登12个新五号字（小五号字），版面采用了长栏（3个基本栏合并为1栏）来编排新闻标题和大图片。

（2）破栏

即将基本栏打破，重新等分，如将6个基本栏重新等分为4栏。

案例

NEW S 体育

法里亚斯凌晨下课，富力俱乐部机场释因

失控的球队只是需要改变

一次换帅，三方反思

图8-11 《南方都市报》2013-5-20 A20版

分析

《南方都市报》版面等分为四个基本栏，以上版面进行了破烂，版面被重新等分为三栏。

（五）报头

报纸第一版刊登报名与其他内容（包括出版单位、刊号、总期数、出版日期、热线电话和办报口号等）的区域。一般位于报纸头版的左上角，有的四开报为通栏的报头。按照报头中报名的排列形式，报纸分为横排报纸（报名横向排列）和竖排报纸（报名竖向排列）。

案例

京华时报

30

民政部规范基金会行为

基金会禁资助一切营利活动

房山首批安置房竣工

万人泪别李方洪烈士

红会首发遇难慰问金

雷彩

英姿

北京GDP质量指数居全国榜首

图8-12 《京华时报》2012-7-30 头版

本报今起推出伦敦奥运特刊《伦语》

重庆时报

CHONGQING TIMES

怎么解决？

看三大部门咋回应

图8-13 《重庆时报》2012-7-29 头版

分析

《京华时报》为通栏报头的横排报纸，报头位于版面的最上部，《重庆时报》报头下移，版面最上部为当天的重要内容提示，报头重心降低，使读者注意力向版面中心转移。

（六）报眼

又称报耳，指横排报纸非通栏报头右侧的版面区域。报眼面积不大，但版面位置较为显著，一般用来刊登重要但篇幅较短的新闻内容、当天新闻内容提要或广告等。

案例

中国体育报

与体育爱好者共度国庆佳节

——温家宝总理参与全民健身篮球赛侧记

图8-14《中国体育报》2012-10-8头版

分析

《中国体育报》报眼位置刊登的报道标题为《“运动”成各地假期关键词》，10月8日为“10、1”长假后的第一个工作日，盘点总结各地国庆期间的体育运动情况是当天较为重要的新闻。

（七）报线

版面上用于分隔版心与周围空白的线条，有的报纸版面只有上下两条报线，也有报纸用上下左右四条报线将版心围框。

1.眉线，又称为天线，为版面上方分隔版心与上部空白的报线。

2.地线为版面下方分隔版心与下部空白的报线。多数报纸版面只有天线，只有最后一版既有天线又有地线，地线之下刊登报社的地址、邮编、电话号码、定价、广告许可证、报纸开印时间、印完时间等。

（八）报眉

各版眉线上方印刷文字的区域，一般刊登版面名称、版序、出版日期等内容。

案例

封面新闻 COVER NEWS

银狐舰队

中超巨无霸让东亚胆寒

魏吉祥广州踢旺一场

张琳芃表现最好

奖金：1200万之外，不足百万

大捷

图8-15 《足球报》2013-2-28 3版

CHAMPIONS LEAGUE

新军骄天 只是不想打酱油

图8-16 《球迷》2013-2-25 3版

分析

《足球报》采用的是传统的报眉形式，报眉位于版面的最上部，《球迷》的报眉采用了特殊设计，位于版面的侧边。

（九）中缝

也称为“报缝”，一张报纸相邻两块版之间的空隙。现代报纸为了保证版面的整洁、美观，中缝一般是空着的，但也有报纸为充分利用版面，用来刊登广告或相对不太重要的信息。

（十）头条

版面刊登的最重要新闻，一般位于横排报纸版面左上方和竖排报纸版面右上方等版面最重要区域。每天的头版头条一般只有一篇新闻报道，特殊的头版头条形式主要有四种：

1. 双头条

在报眼或版面右下方刊登的与头条同样重要的稿件，其特点是标题、图片、版面语言等使用基本一致。

2. 倒头条

是一种特殊的双头条，版面右下方与头条同等规格处理的重要稿件。

3. 假头条

又称小头条或头条前，处于版面重要位置，但实际并非头条的稿件。一般位于真正的头条之上、之左，标题小于头条，涉及重要人物、机构、活动，但无实质性的重要内容

4. 多头条

头版有多个头条，较为少见。如图8-17。

案例链接

人民日报

深入学习实践科学发展观 保证经济平稳较快发展

胡锦涛主席会见俄罗斯总统梅德韦杰夫

胡锦涛主席会见巴西总统卢拉

胡锦涛主席会见英国首相布朗

胡锦涛主席会见澳大利亚总理陆克文

提高质量促增长

闽冀吉苏滇五省力促增长

图8-17 《人民日报》2008-11-17 头版

（十一）通版

打通报纸上同一面上相邻的两个版而形成的版，适用于具有重大报道价值的新闻。

案例

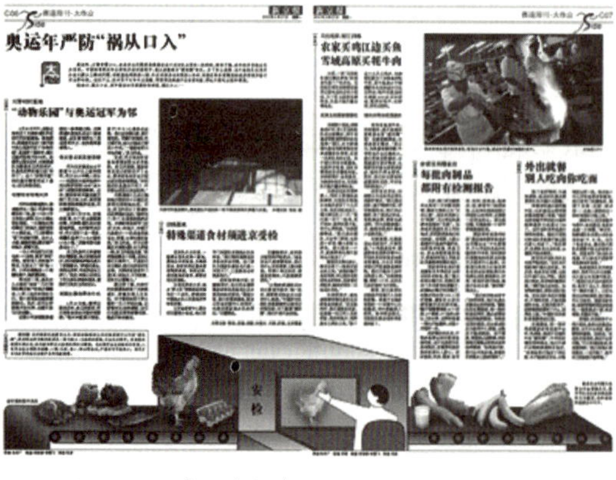

奥运年严防“祸从口入”

图8-18 《新京报》2012-2-27 C06版

分析

报道《奥运年严防“祸从口入”》有两个能够引起读者注意的报道点——奥运和食品安全，报道具有较大的报道价值，编辑采用了通版的版面编排方式。

（十二）其他编辑相关术语

大样：按照设计好的版面样式（版样）拼版后，打印出的样张。

小样：新闻或文章连同标题录入后打印出的样张。

清样：小样、大样校改后印出的样张。

印张：一印张新闻纸双面印刷，能够印对开报纸四个版。如一份的16版对开报要用纸四印张。

第二节　体育新闻版面编排的具体操作

本节要点

报道的空间安排
报道的字符选择
报道的形状选择
线条的使用
色彩的使用
体育新闻版面编排的基本流程

报纸体育编辑在进行版面编排时，需要考虑的因素主要有以下五个方面：报道的空间安排、报道的字符选择、报道的形状选择、线条的使用和色彩的使用。

一、报道的空间安排

报道的空间安排主要有：确定报道所在的版序、区序和篇幅大小。

（一）版序

版面的先后次序。版序的意义主要有三个方面：

1. 第一版重要于其他版，版组的首页重要于其他版。版面设计应充分运用要闻版或首页的位置、一版出标题、提要、导读等，长稿转版等。

2. 版序可以反映报纸的报道重点，与报纸定位有关，报纸的重点版面和特色版面版序相对靠前。

案例

表8-3 《东方体育日报》2012年11月13日版面情况

1、2	3	4、5	6	7、8	9	10	11	12、13	14	15	16	17
要闻	专栏	重磅	申花足球	英超足球	意甲足球	西甲足球	综合竞技	NBA竞技	阅读	竞彩	图志	旅游周刊

分析

《东方体育日报》是中国唯一的综合性体育类日报，致力于为读者提供及时、全面深入的体育资讯。要闻版和重磅版等较为靠前，反映了报纸着力于及时、深入报道体育重大新闻的内容定位，囊括了马德兴、颜强、董路等著名体育写手的专栏版靠前，反映了报纸对专业、独到的分析体育事件的重视，六版为申花足球版与该报目标读者的地域性有关，在着力于提供体育资讯的同时，报纸也强调体育的外延性，将娱乐资讯、时尚运动、健身旅游等内容也予以报道，但版面较为靠后。

3.报纸折缝右边的版要优于左边的版，如第3版优于第2版。国外读者调查显示，绝大多数读者翻开报纸时目光首先落在右边的版面上，因为右边版面相对左边版面较为平稳，这在大报型报纸中的体现更明显，因此一份报纸最重要的版面是一版，其次为3版，有研究者认为2版是最不重要的版面，因为读者往往翻开报纸浏览完3版后会直接往后阅读，当翻到一叠报纸最中间的两版后，左手版面和右手版面在吸引读者目光的差距上就不明显，重要性相仿。

（二）区序

一个版可分为若干个区，各个区根据强势大小所排列的次序。区序规律的运用很重要，是表现编排思想的主要手段之一。中国读者的阅读习惯一般是从左到右，从上到下，因此，重要的稿件要有意识地放在版面的上区，而相对次要稿件放在版面的下区。

横排报纸的区序意义：上左是上区和左区的重合，因此，是最具有强势的区。从读者读报时视线的自然移动来看，大多是看了上左，再看上右，然后视线自然下移至下右，因为这比把视线移动至下左较为省力。还因为下左与上左接近，在版面上为了突出上左，一般不可能对下左再作突出处理。所以，一般说来，下右要优于下左。也有研究者认为报纸读者的视线走Z形：左上→右上→左下→右下。

竖排报纸头版最为强势的区序为上右。

理论链接

古坛贝里图解法（美国学者艾德蒙•阿诺德提出）：读者第一次看到的地方是在报纸的左上角，叫做第一视觉区域。报纸的右下角叫做终极区域。读者阅读视线的运动轨迹，是从左上角到右下角形成的一条“阅读对角线”。读者的目光不会轻易偏离这条线，除非眼睛受到“视觉吸引”。

案例

体育新闻·焦点 A29

FIFA对谢亚龙等人全球禁足

国际足联表示尊重中国足协对涉案人员及俱乐部的处罚

今晚8点，亚冠小组赛首轮，广州恒大主场对阵浦和红钻

恒大赢一场至少奖800万

张剑第一战献给恒大

国安打客场 楼道里练力量

定点学校一半学生要踢球

卡马乔下必杀令

图8-19 《新京报》2013-2-26 A29版

分析

报道《FIFA对谢亚龙等人全球禁足》为该版最为重要的新闻，位于版面左上区序，报道的标题字号最大，其他几篇报道的版面编排也基本遵循区序规律。

（三）报道篇幅

编辑在进行体育稿件修改时，已基本确定了报道字数，在进行版面编排时，编辑可根据实际情况，通过对标题和图片的设计、编排，确定报道在版面中所占的篇幅，一般而言，报道价值越重大的新闻，所占的篇幅和面积越大。

二、报道字符的选择

在版面设计时，报道字符的选择主要为字体和字号的选择，电子排版时代，字符变化更为多样和方便。

（一）字体：指字的外形

1. 字体的分类

（1）按照字符的长宽比例，分为正方体、长体和扁体。

（2）按照字符的笔画特点，分为宋体、黑体、楷体、隶书等。

2. 字体的使用

（1）报纸常用字体的不同特点

①宋体：字形方正，结构匀称、齐整，阅读方便、醒目、端正、平和、大方。宋体是报纸运用最广的字体，正文多为宋体排印，标题使用宋体，隐含公正、客观之意。细宋、书

宋、姚体等是宋体的变化形式。

②黑体：笔画粗壮醒目，字面密度较大，同等字号下，显得比其他字体大，给人印象为严肃、冷峻、雄浑、有力，在稿件正文插用黑体字，有强调的意思，标题使用黑体字，特别是粗黑体，可表示严肃、重大、沉痛等含义。细黑、中等线等是黑体的变化形式。

③楷体：笔画圆滑，给人灵活、轻快、清秀之感，常用于给不太重要的稿件标题，报纸也常用楷体排印主观色彩较浓的稿件正文，如编者按、评论、信函等。

④仿宋体：是一种采用宋体结构、楷书笔画的一种较为清秀挺拔的字体，笔画横竖粗细均匀，笔画秀丽，字形呈长方，清秀美观。常用于排印副标题、诗词短文、批注、引文等，有时也会用来排印部分正文。

（2）个性字体不适合做报纸主导字体

由于传播和大众审美的需要，报纸主导字体不能像其他艺术设计作品一样随心所欲，个性化较强的字体不适合广泛传播，都市类报纸编辑可根据实际情况偶尔使用，能产生意想不到的视觉效果。但草书等不方便辨认的字体不能作为报纸字体。

（3）报道不同部分的字体选择

①标题字体选择：字体的变换主要体现在标题中，编辑可根据报纸定位和报道内容选择字体。“标宋”和“黑体”使用较多，黑体字形端庄，结构醒目严密，笔划粗壮有力，庄重大方，充满力量。“标宋”承传了中国书法的审美韵味，较为优美。

资料链接

方正字库[126]：是中国最早从事中文字库开发的专业厂商，也是最大的中文字库产品供应商，现拥有各种中、西文以及多民族文种字库数百款，市场上使用最多的中文字库产品。在国内有近90%的报社、出版社、印刷厂每天使用方正字库排印大量的报纸、书籍、杂志、教材、文件、包装等，在海外使用中文的报刊中，这个比例也已经达到80%。字款丰富、字形美观、性能稳定、适应面广，运行速度快，且存贮容量小。全面支持GB、GBK、GB18030、BIG－5以及JIS、KSC等编码体系，可以提供TrueType，PostScript Type1、Type0、CID等各种通用格式字库。

案例链接

《南方日报》以报宋为新闻正文标准字体。观点、时评、言论、手记的正文用楷体，链接、相关、资料正文用仿宋体；图片新闻（指用标题的）正文用细黑，对话之间问话内容正文用楷体，答话内容正文用报宋。[127]

[126] 方正字库[EB]. http://www.foundertype.com/index/foundertype.html,2012-10-21.

[127] 南方日报版式设计规范（2009年10月23日）[EB]. http://wenku.baidu.com/view/7800c3363968011ca3009133.html,2012-10-21.

▣ 案例链接

图8-20 《辽宁日报》标题的字体选择[128]

②正文字体选择：同一份报纸的新闻正文字体一般是统一的，很少有变化，报宋是中国大陆报纸正文普遍采用的宋体。第一代报宋于1964年设计完成，1997年、2004年北大方正又相继推出了第二代“新报宋”，第三代“兰亭宋”与“博雅宋”。

（4）字体的字形变化

随着字形的变化，其风格特点会发生变化。编辑可根据实际需要，对字体进行适当变形，如变为长体、扁体、勾边、空心、反白、倾斜等。

（5）中文字体在报纸版面中的特殊设计

报纸编辑可以通过对标题字体的特殊设计，使版面获得良好的视觉效果，并突出关键性的新闻信息。

▣ 案例

图8-21 《球迷》2012-12-7 A3版

图8-22 《*报》2013-2-27 头版

[128] 张庆钧.中文字体对中国传媒的影响[EB]. http://www.foundertype.com/index/stylist/zqj.html,2012-10-21.

分析

在体育报道中，关键数字常常成为报道的焦点，而笔画简单的数字更容易给编辑的版面设计留下空间，超大字号和文字和图形的叠加的字体设计常常能收到不错的版面设计效果，如图8-17，图8-18中的斯诺克球号为37的设计与主题相符，且颇具创意，如果将其更为巧妙地设计入标题中，可起到充分利用版面，避免版面浪费和信息重复的作用。

（二）字号

字号指字的大小。

1.字号的意义：标题字号根据报道价值等来确定。大字比小字更有强势，同一字号中笔画粗的比细的更有强势。同一份报纸的正文字号通常不变化。

2.报纸字号有22个，最大字号是96点，最小为小7号。报纸正文一般为小5号字。

案例链接

图8-23 《辽宁日报》标题的字号选择[129]

资料链接

日本和韩国的报纸是五号字，《人民日报》是小五号字，其视觉效果有着很大的区别，日韩两国报纸的易读性大大优于《人民日报》，这里面有字体本身的差距，更主要是为读者服务意识上的差距。通过调查我们了解到，日本报纸字体大型化始于上世纪八十年代初，《朝日新闻》和《读卖新闻》率先采用这种字体，是针对高龄化社会，为读者服务的重要一环，提高报纸可读性，保护眼睛健康，被称为“旗帜性的主张”，这一壮举对其国民眼睛健康作出了贡献。如今，我们国家也进入了老龄化社会，近视在青少年常见病中高居首位，作为字体设计工作者对此有着义不容辞的责任，但仅有这些是不够的，还需要报社、出版社、

[129] 张庆钧.中文字体对中国传媒的影响[EB]. http://www.foundertype.com/index/stylist/zqj.html,2012-10-21.

杂志社以及一切使用字体的人们一起来关心读者的视力健康，把字用好，透过字体给读者更多的关爱。”[130]

3.标题字号应确保适当的文字跳跃率

编辑选择标题字号应结合报道价值以及实际需要，确定合适的文字跳跃率。文字跳跃率指同一版面中最小字与最大字间的比率。高比率报道易吸引注意，提高跳跃率可使版面显得有活力，并突出重要新闻，降低跳跃率给人沉稳、高品质、历史感的印象。

三、报道的形状选择

（一）四边形

版面编排以四边形稿件为主，它比多边形更强势，以四边形稿件整齐排放的稿件布局称为排列式，它使稿件的界限分明，方便读者快速阅读，避免误读，也便于编辑的排版，撤换稿件更为方便。但应注意，版面不要出现正方形的新闻稿和图片。如图8-24为四边形稿件。

案例链接

28体育

一天收获两个MVP

谁敢抢阿联地盘儿

老马当选乐开怀

飞越“鞋车”构思巧

图8-24 《北京晚报》2013-2-25 28版

（二）多边形

稿件形状不规则，结构较为复杂。版面稿件以多边形相互交错结合排放的稿件布局称为穿插式，它使版面富于变化，但容易使读者阅读不便，影响阅读的流畅性，同时，不便于编

[130] 朱志伟.试论报刊正文排印的字艺与字德——以博雅宋的设计和使用为例[J]．国际新闻界，2006，2.

辑的排版和撤稿。现代报纸，多边形稿件使用较少，但编辑根据报道实际情况和版面设计理念，可以适当、合理地借助多边形报道实现版面设计的创意和美观。

案例

男举成绩不好 新老交替所致
海德公园里的惬意黄昏
成为大国之后该如何

图8-25《新京报》2012-8-5 15版

分析

版面左上角的报道与举重有关，因此，编辑借助一个正在举重的人形将版面的四篇报道进行了区分，版面的设计思路颇具创意，版面的欣赏性、趣味性和创新性较强，而且较好地实现了形式为内容服务。

四、线条的使用

（一）线条的种类

1. 水线

水线是现代排版使用较多的线条形式，以追求简洁明快的版面效果。主要类型有以下几种：正线（细线）、反线（粗线）、文武线（一正线一反线）、双正线、双反线、点线和曲线。

2. 花线

花线是有花纹图案的线条。可根据实际需要，考虑使用花线。

（二）线条的作用

线条可用于表示稿件的强势、区分稿件和表现稿件的相关性、美化版面和表现情感。

1. 用于表示稿件的强势

（1）编辑可将重要的稿件围上框或线，能够引起读者的注意和重视。围框的稿件最为强势，即用线条将稿件四边包围，其次为勾线，及将稿件的三边或两边以线条为主，形成半包围。再次以平行直线勾勒稿件上下两边。

（2）花线比水线强势。

（3）线条粗细能反映稿件的强势，反线比正线强势。

2. 用于区分稿件和表现稿件的相关性

（1）相关稿件可用线条包围，以体现其是一个整体。

（2）容易产生误读的不相关稿件用实线隔开，相关稿件可用虚线隔开。

3. 用于美化版面和表现情感

反线较正线，更为沉重、有力，如讣告类新闻可用反线围框，曲线较为活泼，花线则有着较强抒情性，可传达轻松、舒展、乐观的情绪。

五、色彩的使用

（一）色彩的作用

版面色彩运用得当，不仅可以增加版面美感，还可以起到反映报纸和版面风格、突出重要报道、传递情感和突出报道对象特点等作用。

1. 反映报纸及版面风格

报纸色彩运用应结合报纸目标读者和报纸风格需求，可根据版面内容，采用不同色彩的版头和整体化设计。体育报纸和体育版面相对于其他新闻内容而言，更为追求趣味性和欣赏性，给人以轻松、愉悦，版面的色彩运用应能让读者宣泄情感，放松神经和感官享受，可考虑采用丰富、视觉冲击力强的色彩。

案例

图8-26 《今日美国》报纸版面图标

图8-27《今日美国》体育版面

分析

《今日美国》2012年9月进行了全新改版，报纸各版面用不同的图标和主色调加以区分，如新闻版面为蓝色图标，经济版面为绿色图标，体育版面为红色图标，生活版面为紫色图标，红色为主色调体现了体育的激情与活力。

2. 突出重点报道

色彩是对读者视觉影响最大的元素，最能吸引读者的注意力，版面设计时，编辑可通过合理运用色彩，如配以彩色的图片、标题和底纹等，突出版面重要报道。但要注意度的把握，否则，不仅无法突出报道，而且会影响读者的阅读。

3. 传递情感

色彩在客观上是对读者的一种刺激和暗示。编辑应根据稿件情况和编辑意图，选择合适的色彩运用于版面设计，以传情达意。

案例

刀锋战士
枪杀女友
□警方不接受误杀说法
□皮斯托瑞斯否认谋杀

图8-28《京华时报》2013-2-15 13版

城市晚报
热烈庆祝建军85周年
未就业高校毕业生
实名登记服务到人
体操五虎
零失误卫冕
替姐姐圆梦
超完美夺金
五星扬威

图8-29《城市晚报》2012-8-1 头版

分析

图8-24对刀锋战士涉嫌枪杀女友的新闻事件进行了报道，黑底白字的版面设计表达了对死者哀悼，右边版面黑底白字和左边版面白底黑字的对比，使这种情感的表达和传递更为强烈。图8-25为《城市晚报》2012年8月1日的头版，版面选用五星红旗做底版，一改报纸黑字白底的日常设计，改之以红底白字，红旗的五颗星位置正好与五位中国男子体操队运动员手的位置重合，与五星扬威的标题相辉映，文字与画面结合很巧妙，红色在中国，一直代表着喜庆，版面以红色为主色调，版面表达了报道者对我国男子体操队夺得团体奥运金牌的祝贺和喜悦之情。

4. 突出报道对象特点

版面色彩运用可与报道对象相联系，突出报道对象的特点和传递新闻信息。如《北京青年报》2000年欧洲足球锦标赛小组赛报道《荷法晋级，捷丹出局》，编辑在进行版面编排时，分别用各队传统球衣的颜色将“荷法捷丹”四个字进行了套色——荷兰队是橙色，法国队是天蓝色，捷克队是暗红色，丹麦队是橙红色。

知识链接

斯楚普效应：一般情况下，当字和字体颜色不匹配时，个体的反应速度会比较慢，比如用红色笔写“白”这个字，不如用红色笔写“红”这个字使人认知的速度快。

（二）色彩使用的注意事项

1. 色彩运用以读者阅读的方便性和舒适性为出发点，不能干扰读者阅读

案例

李娜澳網居亞
雖敗猶榮
中國一姐紅爆「網」壇

图8-30　《*报》2011-11-30　A6版

分析

版面的色彩运用不当，造成了版面凌乱，多篇报道文字加底纹也会造成读者的阅读不便。

2. 色彩运用的情感表达应恰如其分

案例

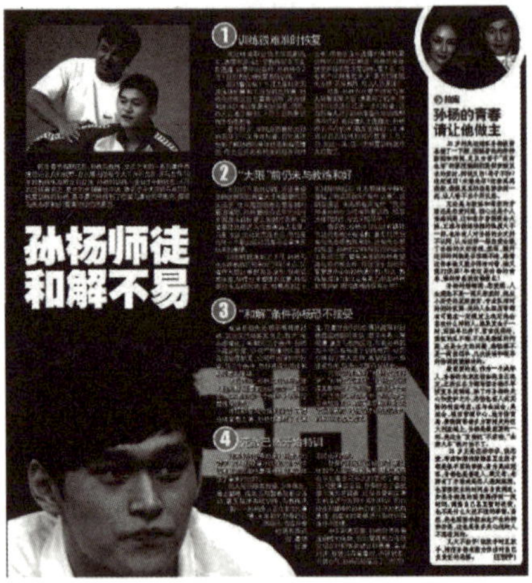
孙杨师徒和解不易
① 训练进度暂时恢复
② "大哥"前仍未与教练和好
③ "和解"条件孙杨仍不接受
孙杨的青春请让他做主

图8-31 《*报》2013-3-1 21版

分析

版面对孙杨师徒发生冲突、孙杨暂时停训的新闻事件进行了报道，黑底白字的色彩运用与报道应有的情感表达不相称，版面上两篇报道强烈的黑白对比也显得过于突兀。

3. 留白也是一种色彩，编辑的版面编排应适当运用留白，留白主要的作用如下

（1）文字周围留出适当空白，能起到突出报道的作用。

（2）划分空间，使版面条理清晰。

（3）稿件间留有适当空白，避免误读。

（4）使版面舒展，避免文字过于密集，使读者阅读舒适。

（5）表达情感。

案例

斯塔诺
我喜欢接地气儿
斯塔诺：比赛很精彩
黄蓓洪：结果能接受
150万 VS 1200万
0比0背后有玄机

版

分析

版面的留白过多，容易导致信息量少、版面过空和浪费。

六、体育新闻版面编排的基本流程

体育新闻版面编排流程如下：通读和分析版面稿件→确定编排思想→计算稿件篇幅→编写导读→动手排版→处理版面误差→审读校正版面→相关领导审读、签发版面。

（一）通读和分析版面稿件

报纸体育编辑对稿件分析的主要方面有以下三点：

1. 分析各篇稿件的报道价值，并依据新闻价值要素、报纸编辑方针等，对稿件的轻重主次进行权衡与排序。

2. 分析稿件的相互关系，以便在版面设计时作出恰当安排。

3. 分析稿件感情色彩，以合理使用版面语言表现情感，避免版面稿件发生情感冲突。

案例

情人捷

情人劫

图8-33　《*报》2013-2-15　A16版

分析

报道采用了对称式版面编排，但版面的情感处理和表达很不合宜，应注意报道的人性关怀意识，应恰当地传递情感，引起读者的共鸣，确保报道正面社会效果的实现。

（二）确定版面编排思想

在通读和初步分析版面的新闻稿件后，体育编辑应结合报纸编辑方针、读者阅读心理和习惯、当前版面稿件情况，确定版面的编排思想。编排思想主要包括确定重点报道、版面形式和版面情感表达。

1. 确定版面重点报道

编辑确定版面重点报道后，应根据重点报道的新闻价值等确定报道的版面编排规格。

2. 确定报道的版面形式

编辑应分析和设计版面稿件的关系，确定版面形式，版面主要有集中式版面、重点式版面、综合式版面和均衡式版面四种形式。

（1）集中式版面

版面所有内容都围绕一个新闻主题，用于有重大报道价值的新闻事件，如图8-34。

案例链接

A11

男版侯逸凡 今年才13

接受现代快报记者专访

图8-34 《现代快报》2013-2-28 A11版

（2）重点式版面

版面有若干篇新闻报道，但其中的重点报道会被格外突出、强调。

案例

A10 体育

万人迷万人

图8-35 《现代快报》2013-2-26 A10版

分析

该版面为重点式版面，重点报道《万人迷万人》配发了大标题和多幅照片，且占了4/5的版面篇幅，版面主次十分分明。

（3）综合式版面

版面报道有主次之分，但并不特别强调这种区分，如图8-36。

案例链接

28体育

一天收获两个MVP

谁敢抢阿联地盘儿

西热力江成“3分王”

“草根”球迷一击即中

老马当选乐开怀

飞越“鞋车”构思巧

图8-36 《北京晚报》2013/2/25 28版

（4）均衡式版面

版面中的报道基本没有主次之分，新闻标题字号一致，没有重点报道。现代报纸版面重视读者的稿件阅读引导功能，该版式应较少使用。如图8-37、38。

案例链接

诺丁山赶集

男花团体失利 只因看得太重

风再起时 来日某天再相见

图8-37《新京报》2013-8-6 A特15版

横扫日本女团夺冠

大赛首次不敌日本

惜败袋鼠女篮止步

图8-38《新京报》2013-8-8 A特15版

（5）对称式版面：版面中的报道进行对称式的编排。如图8-39、40。

案例链接

"票王"去矣 尚能HIGH否？

菲鱼老矣，尚能赢否？

图8-39《现代快报》2013-2-23 A21版

悲情中天

悲情怀特

图8-40《现代快报》2013-2-18 A24版

3. 确定版面情感表达

报纸体育编辑应根据版面稿件情况和报纸性质，确定版面情感的表达。版面情感表达应恰当，符合公众对相关报道的情感反应和期待。

（三）计算稿件篇幅

报纸正文的字体字号基本是固定的，以基本栏位单位计算正文的行数，版面设计中，标题的编排特别富于变化，篇幅计算的难点在于标题所占的篇幅，图片所占的篇幅根据图片情况和版面情况而定。

（四）编写导读

体育报纸编辑还应编写头版导读，方便读者快速获知当期报纸的重要体育信息。导读的报道数量和形式可根据报纸的一贯风格和当天的重点报道情况确定，导读的形式主要有以下三种：

1. 标题式导读

将当天重要新闻的标题列为新闻导读内容。

2. 摘要式导读

将当天重要新闻的主要内容以简短的一段话进行归纳后列为新闻导读内容。

3. 海报式导读

又称为橱窗式报道，导读内容包括了当天重要新闻的标题和重要图片，注意头版导读图片一般不要和报纸内文的图片重复，以更好地利用版面。

案例链接

英锦赛 小丁福地继续一轮游
球迷 SportsFans
满口东北腔 难忘泰达梦
昔日亚冠王 今朝降级客
李莹当寿星 霍晶做新娘
MM再相会 麦迪苦相对
大卫王 超完美

图8-41《球迷》2012-12-3 头版

（五）动手排版

1. 排版的基本原则

（1）先安排头条、图片、专栏、刊头，后安排其他稿件

（2）先定版面的四角，后排版面中间部分

（3）以排列为主，穿插为辅

（4）以基本栏为主，变栏为辅

（5）以横题为主，竖题为辅

2. 排版的注意事项

（1）避免碰题（两条或两条以上稿件同是横排或竖排，首尾相连）。

（2）竖题不能多，尤其在版面中间部位不宜用。

（3）避免标题随意切断稿件下文。

（4）标题字体字号运用应与稿件报道相称。

（5）滥用底纹，造成读者阅读不便。

（6）滥用色彩，版面无重心和主色调，妨碍内容和思想表达。

（7）注意报纸广告与报道内容关系处理

（六）处理版面误差

体育编辑可通过加减稿件、补充或压缩稿件、加大或缩小标题面积、增加或合并自然段、加减空白、改变行距、字距等手段处理版面误差。

（七）审读校正版面

编辑审读校正的内容主要包括以下七个方面：

1.标题是否与正文相符。

2.图片与说明是否相符。

3.版面报道层次是否清楚。

4.各版标题是否重复、矛盾。

5.文章转版是否正确，文字是否正确。

6.转栏、空白、线条、底纹等是否合适。

7.报道篇幅大小、位置、字符、装饰等是否合适。

（八）相关领导审读、签发版面

报社相关领导需对当期的所有版面进行认真审读，确保报纸的报道质量，审读无误后签发版面。

思考与练习

1. 选择一份报纸，分析中国报纸的版面编排特点。

2. 结合以上报纸的版面编排，分析版面编排的功能。

3. 结合以上报纸的版面编排，分析和评价报纸的版面语言运用。

4. 将之前已选好的版面素材（文字稿件和图片），按照一定的编排思想，组合成完整的体育新闻版面。

参考书目

[1]郑兴东、陈仁风、蔡雯.报纸编辑学教程[M].中国人民大学出版社，2001.

[2]蔡雯.新闻编辑学（第二版）[M].中国人民大学出版社，2010.

[3]许正林.新闻编辑[M].上海大学出版社，2010.

[4]韩松，黄燕.当代报刊编辑艺术[M].复旦大学出版社，2006.

[5]沈兴耕.报纸编辑实务[M].中国广播电视出版社，2000.

[6]梁媛.新闻编辑[M].湖南大学出版社，2007.

[7]陈红梅.新闻编辑[M].武汉大学出版社，2011.

[8]邓利平.新闻编辑学新编[M].北京大学出版社，2010.

[9]杨金鹏.新闻编辑学实用教程[M].华中科技大学出版社，2011.

[10]若文.新闻编辑能力训练教程[M].复旦大学出版社，2006.

[11]中国编辑学会.编辑记者实用手册[M].中国标准出版社，2009.

[12]陈国权.新媒体拯救报业 [M].南方日报出版社，2012.

[13]蔡雯.新闻报道策划与新闻资源开发[M].中国人民大学出版社，2004.

[14]赵振宇.新闻报道策划[M].武汉大学出版社，2007.

[15]杨秀国.新闻报道策划[M].人民日报出版社，2012.

[16]曾璜、任悦.图片编辑手册[M].中国摄影出版社，2009.

[17]谢雨玫.图片编辑与版面设计[M].中国摄影出版社，2009.

[18]李培林.读图时代的媒体与受众[M].新华出版社，2005.

[19]甘险峰：《新闻图片与报纸编辑[M].福建人民出版社，2008.

[20]刘保全.新闻标题制作技巧百家谈[M].石油工业出版社，2011.

[21]彭朝丞.新闻标题制作[M].中国广播电视出版社，2007.

[22]冯印谱.新闻标题制作100招[M].南方日报出版社，2006.

[23]刘晓璐.经典报纸版式设计[M].广东人民出版社，2008.

[24]王咏赋.报纸版面学[M].人民日报出版社，2006.

[25]刘京林等.传播中的心理效应解析[M].中国传媒大学出版社，2009.

[26]许靖.偏见心理学[M].北京理工大学出版社，2010.

[27]毕雪梅，贾静.体育新闻学概论[M].北京体育大学出版社，2007.

[28]易剑东.大型赛事报道与媒体运行[M].浙江大学出版社，2008.

[29]郝勤.体育新闻学[M].（第二版），高等教育出版社，2011.

[30]肖焕禹.体育传播学[M].人民体育出版社，2011.

[31]张德胜.体育媒体通论[M].广东出版社，2006.

[32]刘斌.体育新闻学[M].中国传媒大学出版社，2010.

[33]朱宙炜，张胜利.体育传播学导论[M].北京体育大学出版社，2007.

[34]王大中，杜志红，陈鹏.体育传播——运动、媒介与社会[M].中国传媒大学出版社，2006.

[35]许正林.体育传播学[M].上海交通大学，2010.

[36]张珂，张云，石磊.当代体育与大众传媒[M].中国传媒大学出版社，2011.

[37]蒋祖烜.在另一个赛场——直击体坛周报现象[M].湖南大学出版社，2002.

[38]（加）赵鼎生.比较报纸编辑学[M].人民日报出版社，2009.

[39]（美）布雷恩・S・布鲁克斯，詹姆斯・L・平森，杰克・Z・西索斯.编辑的艺术[M].李静滢，刘英凯译.中国人民大学出版社，2009.

[40]（美）蒂姆・哈罗尔.报刊装帧设计手册（插图修订第6版）[M].展江，曾彦译.世界图书出版公司，2011.

[41]（美）伊丽莎白・威斯纳-格罗斯.《最佳编辑要领[M].郭瑞等译.新华出版社，2001.

[42]（美）布鲁斯・加里森.体育新闻报道[M].郝勤等译.华夏出版社，2002.

[43]（美）史蒂夫・威尔斯坦.美联社体育新闻报道手册[M].郑颖译.中央编译出版社，2004.

[44]（英）菲尔・安德鲁斯.体育新闻从入门到精通[M].周黎明译.中国人民大学出版社，2010.